超级话题

如何让你的营销像病毒一样传播

肖大侠◎著

中信出版集团｜北京

图书在版编目（CIP）数据

超级话题 / 肖大侠著 . —— 北京：中信出版社，2020.1
ISBN 978-7-5217-1222-3

Ⅰ.①超… Ⅱ.①肖… Ⅲ.①市场营销学 Ⅳ.
① F713.50

中国版本图书馆 CIP 数据核字（2019）第 256076 号

超级话题

著　者：肖大侠
出版发行：中信出版集团股份有限公司
　　　　　（北京市朝阳区惠新东街甲 4 号富盛大厦 2 座　邮编　100029）
承　印　者：北京诚信伟业印刷有限公司

开　　本：880mm×1230mm　1/32　　印　张：8.25　　字　数：120 千字
版　　次：2020 年 1 月第 1 版　　印　次：2020 年 1 月第 1 次印刷
广告经营许可证：京朝工商广字第 8087 号
书　　号：ISBN 978-7-5217-1222-3
定　　价：58.00 元

版权所有·侵权必究
如有印刷、装订问题，本公司负责调换。
服务热线：400-600-8099
投稿邮箱：author@citicpub.com

目录

推荐语 / 005

序 一 / 017

序 二 / 023

自 序 / 027

第一章 营销之困

一、十个营销人，九个说营销越来越难做了 / 003

二、当下营销环境具体有哪些变化 / 013

三、突破困境的前提：营销获得传播力的

四个关键词 / 017

四、打造超级话题：突破营销困境的四个策略点 / 026

五、超级话题万能公式：6P方法论 / 035

六、小结 / 036

第二章　定位：好的定位是超级话题的基础

一、营销的三大定位 / 041

二、营销自嗨等于品牌自杀 / 044

三、三大误区，让话题传播无效 / 046

四、四个认知，带你重新认识话题传播 / 049

五、三个圈定位法，找到传播的核心圈层 / 053

第三章　关联：让创意的产生像做加减法一样简单

一、为什么你的创意会枯竭？ / 065

二、关联：超级话题刷屏的秘密——万物皆 IP，寻找高频场景 / 069

三、100+ 关联度，让创意的产生有迹可循 / 079

四、让创意有的放矢，是超级话题成功的一半 / 094

第四章　趣味：世界人民通用的 100+ 趣味法则

一、到底什么才是营销趣味？ / 101

二、趣味，为创意注入疯传代码 / 102

三、世界人民通用的 100+ 趣味法则 / 108

目 录

第五章 传播：让传播再飞一会儿

一、为什么大部分企业的传播只能自嗨 / 155

二、新媒体传播方式大变迁 / 157

三、传播策略制定的核心三要素 / 166

四、怎样打造现象级传播？ / 171

五、适合的，才是对的——选择合适的媒介规划 / 176

六、你一定不知道的传播"三不原则" / 178

第六章 参与：激发二次传播，让传播事半功倍

一、为什么需要用户的参与感？ / 183

二、提升参与感的武器——参与式营销 / 186

三、参与式营销的几种形式 / 188

四、增强用户参与感的几种方法 / 193

第七章 转化：没有转化的传播都是耍流氓

一、品牌流量与传播形式 / 201

二、设定传播目标，让转化有的放矢 / 206

三、在话题传播中这样植入，转化效果会更好 / 212

四、一天内流水破 1 500 万元，我们是如何做到的？ / 215

超级话题

附 录 / 220

后 记 / 225

推荐语

李叫兽　独立企业战略顾问

肖大侠从多年营销实战经验和诸多经典案例中总结出的6P方法论，是一套清晰可见的解决方案，让话题和流量的引爆不再只依靠灵光一闪的创意。相信这本书可以给你带来有价值的思考和行动。

吴　声　场景实验室创始人

新场景、新品牌不断涌现的背后，是这个时代年轻消费者需求的离散化与圈层化——难以捕捉，却越来越专业。肖大侠的《超级话题》回顾总结近10年的营销思考和实战经验，可以启发你更好地思考新时代内容变化和营销革新的脉络。

杨　飞　瑞幸咖啡 CMO（首席营销官）

我一直认为，事件营销是难度比较高的营销手段。它虽然不能解决企业流量池，但能快速提升品牌认知，让产品低成本出圈，所以事件营销是我们建立品牌和获取流量最重要的手段之一。肖大侠是一位有名的事件黑客，他对不可捉摸的神来之笔做出了系统性思考。这本书有趣有料，希望对你有益。

劳　博　广告门 CEO（首席执行官）

这本书试图解密超级传播是如何引发广泛关注的。超级话题是传播的原点，在肖大侠笔下，超级话题到底是如何策划、生成、引爆的？答案尽在书中。

汪再兴　新世相合伙人

在营销手段层出不穷的今天，我一直认为，好的内容和好的话题依旧是品牌优质流量的源泉。营销是一项苦活儿，需要人们去思考、研发、创新，但只有沉下心来打磨，才能收获好的结果。《超级话题》很好地总结了肖大侠这些年为品牌服务的一些经验和秘诀，我看后深受启发，这本书非常值得一读。

赵圆圆　淘宝直播总负责人

网红也好，明星也罢，只有被大众关注、讨论才有价值，而聚拢大众注意力的就是话题，话题是社交内容的核心，掌握了"如何制造超级话题"，就相当于掌握了"如何制造网红明星"，甚至"如何打造网络爆品"。要打通内容到生意的通路，超级话题是血液，是任督二脉。

俞朝翎　阿里巴巴铁军主帅

作为阿里铁军曾经的一名悍将，肖大侠在广告行业深耕数载，用"超级话题"屡屡引爆广告圈，初次开讲，即倾囊相授，一部诚意满满的作品，值得推荐，相信这本书一定会让互联网从业者重新认识"超级话题"的价值。

郝　义　长城会 CEO

仅是"超级话题"和 6P 方法论这两个词已经够吸引人了！而真正有机会赢得营销大战的"肖氏独门法宝"正在这本书中！Check it out!（赶紧读一读吧！）

卜 扬　苏宁易购集团副总裁

在信息碎片化的时代，营销内容唯有经历颠覆式创新才能迅速抓住受众的注意力。同时，内容只有真正与受众本身关联，才能引发持续关注和互动，达到成为超级话题的结果。《超级话题》一书从实战出发，抽丝剥茧，辅以浅显易懂的理论总结，为苦苦探究可持续营销和裂变式营销的传播人打开了一扇窗。

赵 鹏　BOSS直聘CEO

每个人都希望回到共识和共情当中去。因此，每一次热烈的话题都是一个人的狂欢和一群人的孤单。没有人可以发明话题，但是犀利的人可以发现话题。8年前肖大侠的"校门舞男"事件就是这样一个作品。在话题越来越难做的年代，推荐肖大侠的这本书。

秋 叶　秋叶商学院创始人

超级IP（知识产权）背后是超级平台，如今是平台主导流量分配，是平台主动设定话题走向，要玩转互联网，抓住流量红利，需要我们把注意力从超级IP转移到超级平台，抓住超级话题，分享超级流量。

郑立鹏　腾讯云总经理

在碎片化的新媒体时代，刷屏热点一波接一波，让用户记住一个品牌越来越难。怎么用最低的成本建立品牌认知，建立自己的私域流量？肖大侠在《超级话题》中做了最好的诠释，这本书是企业家和营销工作者的必备工具书。

陈　华　唱吧CEO

在信息迭代犹如光速的新媒体时代，新品牌的崛起需要超级话题的引爆；只要找对支点，就可以撬动整个社交网络。肖大侠的这本书一定会给所有行业的市场推动者带来一些新的思考，值得细读。

王　凯　凯叔讲故事创始人

品牌传播的内核是千锤百炼的匠心品质，外核则是用故事跟消费者沟通清楚、沟通明白。《超级话题》这本书让大家用更快捷的一套打法引爆品牌声量，提高了效率，非常值得一看。

贺学友　驿知行铁军商学院创始人

肖大侠是阿里铁军团队里的奇葩战将，人称"坐家"——坐在办公室签合同成为"top sales"（销售精英）的第一人，这本书融入了他多年操盘策划超级话题的经验，让他成为真正的"作家"。好的结果不单要依靠销售推进，更要提高传播效率、精准到达。在这本书中，他将6P方法论的精华倾囊相授。此书值得人手一本。

张　强　去哪儿网总裁

在这个碎片化的新媒体时代，虽然每天刷屏的热点越来越多，但营销推广反而越来越难做，面对纷繁的营销方法，我推荐肖大侠的《超级话题》，希望肖大侠的6P方法论能帮助你去伪存真、拨云见日。

吴　纲　中央电视台《大国品牌》总策划

超级话题就是超级流量，肖大侠就像一个"话题黑客"，解构了当下所有热门话题背后的套路和逻辑，探索出了一条用超级话题来打造品效合一的营销新路径。他总结的这套方法论也让打造超级话题变得有章可循。无论是企业家还是营销工作者,都需要深读这本书。

关海涛　华为荣耀CMO

近年来的营销工作越来越迷失在渠道的分散和技术的发展中,但渠道优势和技术手段是形,优质内容是神,成功的营销应当是形神兼备的,不仅要动人,更要能让人动情。我们知道,传播的客体(消费者)有限,传播的主体(内容)无限,内容素材看似无穷无尽,但能成为话题带动舆论的少之又少,营销人想要突破这个困局需要慧眼,更需要慧心。《超级话题》这本书汇集了肖大侠近10年运作超级话题的经验,试图找到一个产生超级话题的方法论,启发读者找到万变之中的不变,生成自己的内容营销之道。

黄渊普　亿欧创始人

当前,中国的创业已经进入了下半场——"产业互联网"阶段。"产业互联网"的创业者们,普遍擅长线下地推式销售的"陆军打法",而缺乏四两拨千斤进行高效营销的空军能力。但随着人力成本越来越高,是否具备"空军能力"将成为企业能否取胜的关键。《超级话题》一书正是帮助企业构建"空军能力"的佳作。

关健明 《爆款文案》作者

肖大侠对超级话题做了细致研究，并且做出了多个精彩案例，此次他将工作流程首次公开，对很多营销从业者来说真的是福音。

刘 冉 I Do 珠宝 CMO

近年来营销圈变化之快，可谓风起云涌。在这个快速迭代的时代做品牌营销，更要敢于"创新"，走别人没走过的路。根植品牌核心基因，创造契合品牌价值观的"超级话题"，打造大众喜爱的"品牌超级IP"，这就是品牌营销最高级的商业价值。那么，如何创造品牌的"超级话题"？肖大侠能给你答案！

孙涛勇 微盟集团 CEO

《超级话题》这本书结合了肖大侠多年的营销实战经验和大量刷屏案例，系统性强，干货满满。特别是在当下信息冗余的移动互联网环境下，一套从0到1打造超级话题的实战方法论不可或缺，值得细读。

王　鑫　万达酒店及度假村品牌总经理

没有晦涩难懂的理论，没有喋喋不休的说教，肖大侠将一个个实操过的经典营销案例用最朴实的方式毫无保留地呈现给大家，手把手地教你打造超级话题，这本书值得推荐给每一个营销人。

丁俊杰　中国传媒大学广告学院院长

营销，是人类诸多活动中最难以把握的活动之一。营销的想象空间之大，往往超出一般人的想象；营销的创新程度之深，有时不亚于攻克高精尖的科技难题。营销，既是"形而上"，也是"形而下"。正因为如此，营销给我们带来了诸多困惑。《超级话题》是本解惑之书。我最喜欢书中的案例，其精彩令人称赞。书中的案例不仅蕴含哲理、理念、原则，还提供了方法，值得反复阅读。

林　少　十点读书创始人

这是一个内容和流量的时代，如何汇聚大众关注的话题内容，借势而为，引导用户到我们自己的生态里，从而构建我们自己的流量生态，是每个身处自媒体浪潮之中的人每天都需要思考的问题。肖大侠的这本《超级话题》给自媒体从业者提供了一套非常实用的制造话题的方法。

赵　刚　良品铺子副总裁

"一切的传播和营销，都是在正确的时机和场景下才能实现。"肖大侠对定位和场景有深度的认知。在消费者购物日趋理性、优质流量路遇瓶颈的今天，如何拨动消费者的心弦，借助消费习惯"在身边"的场景和情感认同"接近性"的话题，产生激发共鸣的分享，这才是制造"超级话题"刷屏创意的原点。

许文超　上海国际广告节副秘书长

今天的中国广告业进入了以数字营销大发展为主并领先于全球市场的新时代。大量创新技术的涌现，让品牌与消费者的沟通更为便捷。肖大侠的这本《超级话题》结合了他多年一线营销工作的实践，书中总结的超级话题6P方法论，对广大营销从业者来说，很有借鉴意义。在当下嬗变嘈杂的市场环境中，一切生意的本质是流量为王。让创意更加有的放矢，以体验式营销和消费者互动，是提升品牌价值的有效途径。

宋学军　IAI品牌研究院副院长

肖大侠之前对于定位和场景就曾有过一段一针见血的认知——"一切的传播和营销，都是在正确的时机和场景下才能实现。"在消费者购物更理性、购物场景多样化、难以精准获取流量的今天，像"创造消费习惯在身边的场景、营造情感认同接近性的话题"这些书中提炼的实用方法，以及肖大侠在书中分享的大量成功的实操案例，将成为营销人未来打造超级话题的不二法门。

李西沙　中国商务广告协会会长

《超级话题》是肖大侠10年来在广告与营销工作中积累的经典案例和体会的总结，有理论探索，也有实践体验，很值得一读。话题传播一直是广告营销理论与实践的一个重要课题，只不过人们在具体实践中往往抓不到话题，或者说不会判断话题，不懂得深挖话题的影响力，只会夸夸其谈，这直接影响了传播效果，甚至浪费了广告资源。从很多角度和层面来看，肖大侠的探索值得我们学习，《超级话题》一书有教科书般的指导意义。

雷文涛　有书 CEO

企业的升级不仅要依靠产业创新，还要依靠营销方式与内容的创新。肖大侠的《超级话题》就是从创新的角度解读营销，提供营销新方法，应列入广大创业者必读书籍清单。

柯　洲　笔记侠 & 更新学堂 CEO

枯燥的传播千篇一律，有趣的传播万里挑一。在填鸭式广告营销横行霸道的时代，肖大侠用系统客观的科学方法论独创了"曼陀罗关联营销法"，通过运用其中的 6P 方法论、8 个维度和 100+ 趣味法则，让超级话题手到擒来，频频做出刷屏级、现象级传播案例，让营销更有效果。熟读并刻意练习他的方法论，下一个刷屏级创意，也许离你不远了。

序一

超级话题就是超越自嗨式营销

氢原子 CEO　唐文

2015 年，时任易宝支付 CMO 的我在微信朋友圈不经意看到一张在快速刷屏的图片，图中一个发福的中年男人，旁若无人地端着酒杯躺在闹市中心的"沙滩"上享受日光浴，图片的主题是"只要心中有沙，哪里都是马尔代夫"。当时我的第一个念头是，这个策划者肯定是新营销的大玩家，深谙营销的前沿玩法。

为什么这么说？因为这个营销策划漂亮地实现了"三转"，正是甲方的理想选择。

第一转：转发。

很多甲方每年都要付出特别多的广告费，其实这些广告费大部分是在广告渠道上消耗掉了。由于甲方自己没有太多的广告渠道，就要舍得花钱去用别人的广告渠道。这样做有两个缺点：一是成本太高；二是用户很快明白了什么是广告，什么是自己感兴趣的内容，因而会有选择地过滤掉广告。所以硬生生地投出去的广告，稍不注意，很容易落得砸了钱却听不到水响的下场。

新媒体出现后，广告的投放权"下沉"到了每个新媒体用户的手里，尤其是那些拥有高品质社交圈的真实用户，一旦他们积极主动地参与转发，广告渠道顷刻间就能实现低投入高增长，做得好的广告甚至会使产品销量或用户数量在短时间内呈现爆发式增长。更值得关注的是，新媒体的关注度是每个用户自己苦心经营起来的，个性化程度高，并且和自己的连接节点更多的广告比较容易形成"共鸣"。

第二转：转身。

对于很多呆板的商业广告，用户都是冷眼相看的。即便广告真正到达了用户，用户也往往对其嗤之以鼻，就像看到了过去遍布街头巷尾的牛皮癣般的小广告一样。

序 一

在"只要心中有沙,哪里都是马尔代夫"这个案例里,我看到很多人,从大学生到明星,都狂欢式地参与进来,网上迅速出现了各种变体,不仅有用来自嘲的,用来他嘲的也是数不胜数。

这个时候,用户就不当它是广告了,反而转过身来,不再冷眼相看,开始热情地走进广告。试问哪个甲方不喜欢这样的营销呢?

所以做得好的"超级话题",简直就像一根好的导火线,一个火星下去,网络各个节点如爆竹一般遍地开花,响声此起彼伏,好不热闹。

第三转:转化。

这是最关键的一转,前面两转,实现的都只是媒体价值,是打基础,而我们最终要实现的是商业价值,是收获。如果热闹的传播和甲方的业务没有什么关系,拉来的关注度不能实现业务转换,正如肖大侠在这本书中所言,就还只是自嗨,不能算是成功的"超级话题"。

大家可以回想一下,不少广告很精彩,我们也对其记忆犹新,就是忘记了那则广告推广的是什么品牌。这样的情况是不是屡见不鲜呢?

超级话题

"只要心中有沙,哪里都是马尔代夫"的超级话题,其实是途牛旅游网的广告,两者之间的关联是很顺畅的,整个营销攻势用图片引爆,调动起整个网络的关注度,再用短视频讲述沙滩哥最终实现了去马尔代夫旅游的梦想,这和途牛旅游网业务的结合也是天衣无缝的。

直到今天,肖大侠的"只要心中有沙,哪里都是马尔代夫"依旧令我拍案叫绝,在《轻营销》第三版里,我还专门从心理学角度对这个案例做过深入剖析。

正因为这个策划案,我觉得不认识肖大侠是极大的损失,于是我们俩就见面了。

在北京朝外万通中心楼下的汉舍餐厅,我们把酒言欢,畅谈了一晚。肖大侠也是个性情中人,把自己的看家本领倾囊相授,给我很详细地讲解了"超级话题"的6P方法论,以及他是如何在实战中应用这"6P"的。

这给了我极大的启发。例如,书中提到的关联性。肖大侠在为瓷娃娃募捐的公益营销中,跑到全国各地的高校校园门口去跳街舞。为什么一定要在镜头中出现各个高校的大门呢?因为大伙儿只要一看到自己母校的校门,就觉得这是和自己有"关联性"的视频,会迅速产

序 一

生认同感，"三转"的效果自然就会大大提升。

从此，我和肖大侠不断地切磋，不断地相互启发。再后来，我自己创业做氢原子，联合十点读书推出了第一个课程产品"8遍魔耳记单词"。这个课程产品就应用了6P方法论，一举成为爆款，短短4个月时间里就销售了10万份，上线3个月即跻身2018年全网英语知识付费产品前五强。

我曾经一度误以为史蒂芬·柯维的《高效能人士的七个习惯》之所以热销，只因为它是本鸡汤书。后来我仔细研究这部经久不衰的著作时，看到柯维开篇就提到，他在写这本书之前，阅读了1776年以来美国大量讨论成功因素的文献，有了一个关键的发现。

近50年来，讨论成功学的作品莫不在教人们速成的技巧，最终却是"头痛医头，脚痛医脚"。相比之下，150年前的作品则有很大的不同，它们更强调根底里的品德修养，这才是解决问题的根本之道。柯维也受此启发，写出了全球销量超亿册的《高效能人士的七个习惯》。

在《超级话题》一书中，我同样看到了这种从人性

超级话题

根底里去透视"超级话题"的 6P 方法论,总结精练,却超越了一般技巧速成类书籍。我始终相信,一切商业问题,归根结底是关于人的问题,肖大侠作为一个新营销的领潮人,对此把握精深。

人生的欣喜,莫过于和有趣的灵魂相遇!兄弟之情是如此,其实营销也是如此。

序二

解锁超级话题的打造公式

锌财经创始人　潘越飞

老肖是个妙人,在别人研究什么叫作超级话题的时候,他已经把自己打造成了刷屏级超级话题。

彼时老肖刚刚创业失败,阿里巴巴"top sales"的光环已经离他远去。他在武汉街头看到的身患成骨不全症的乞讨父女深深触动了他,于是他决定为罕见病患者做点什么,让大众认识罕见病,关注罕见病。他在全国300多所高校门口跳了一段非常简单的舞蹈,做成260秒的视频放到网上,并以"你的学校在哪一秒"为话题,打造出了名噪一时的"校门舞男"事件。全网2 600万次的播放量带火了他,也带来了16.5万元的善款。一

超级话题

时间，报社记者、电视节目编导接踵而至，争相报道"校门舞男"事件，邀请老肖上节目，公共媒体也成为这次传播的放大器。在那个人人网的时代，他已经可以通过超级话题创造价值，也意识到了超级话题创造价值的巨大力量。

当别人在研究怎么打造出一个超级话题时，他已经能够像流水线上的机器一样批量地生产超级话题。

从"校门舞男"事件开始，老肖致力于深耕超级话题。年度刷屏级营销事件"只要心中有沙，哪里都是马尔代夫"，至今仍有品牌套用与之相似的句式进行传播；悬念广告《轻点，疼！》带火了用报纸为新媒体发声的新玩法，之后各种报纸营销层出不穷；"宝鸡有一群怀揣着梦想的少年相信在牛大叔的带领下会创造生命的奇迹网络科技有限公司"这个堪称"史上最长"的公司名仅靠这39个汉字就实现了一夜爆红的效果；为宜信财富量身定制的"中国城市居民肯借钱排行榜"，不花一分钱就登上多家地方电视台，实现了新媒体与传统媒体的融合传播；"共享马扎"乘着共享经济的东风实打实地夺了一波眼球，把线上线下的事件真正连接到了一起；窦唯为《魔域》手游制作并演唱《重返魔域》歌曲，实现了百万元预算亿元效果的惊人成绩……这些都是老肖的经典手笔。几年间，他已经生产了大量的刷屏级超级话题。一次次超级话题营销操盘经历带来的不仅是小预算撬动大市场，还有他对超级话题的深入思考。

当别人研究超级话题批量生产大法时，他已经把最核心的秘密写成了书。

老肖几年前就告诉我，他在公司内部培养年轻员工，试着让摸不到的创意成为有迹可循的方法论。我在为这个疯狂的念头点赞之余，也暗暗担心：真的能做到吗？创意真的能公式化吗？公式化后的创意还能叫作创意吗？

现在他给了我答案：能。当老肖把自己10年的超级话题营销操盘经验，总结梳理成超级话题万能公式"6P方法论"时，我就知道他做成了。

互联网的高速发展，带来了信息碎片化时代。对于作为信息接收者的大众来说，意味着有了更多机会去体验新奇多元的感官享受，但也意味着无形中需要消耗更多的时间和精力。对于营销人来说，意味着任何信息都有被关注的可能，但也意味着任何信息更容易被淹没在浩瀚的信息海洋中。真的是成也"碎片化"，败也"碎片化"。

我们总在感叹信息迭代太迅速，热点来得快，去得也快，营销越来越难做，内容越来越难做，公众的注意力越来越难抢夺。在营销人越来越感到困难的当下市场环境中，老肖用超级话题破局，用"6P"分解超级话题的必备要素，用三个圈定位法找到核心传播圈层，用100+关联度找准创意的产生路径，用趣味法则注入传播的疯狂代码，用"三不原则"避免传播的无效动作……

在内容为王、流量为王的时代背景下，话题即内容，话题即流量。超级话题就是传播的源头密码，是实现大面积曝光的秘密武器，是品牌一夜爆红的制胜法宝，其本身已具备被讨论与自传播属性。老肖在这本书里为我们解锁了超级话题的打造公式，告诉我们曝光速成法则和引发病毒式裂变背后的营销逻辑，帮助我们找到了新品牌、新市场、新圈层环境下，不变的、真实的、系统的方法论。这是很难做到的一件事，但是他做到了。

想要驯服"超级话题"这头神秘怪兽的人，就请深读这本书吧。

自序

在本书的理论体系中,超级话题6P方法论包括"定位—关联—趣味—传播—参与—转化",代表在营销战略中6个最关键的实操阶段。虽然这套理论没有学术报告那样严谨,也没有涉及很深的商业规律,但是超级话题6P方法论是建立在新媒体环境下的营销实战经验,谈不上华丽,却非常实用。

作为一名在营销这个专业领域深耕近10年的"老兵",我对实用的重要性深有体会。我所身处的营销行业因为其特殊性,理论体系和专业知识并没有真正权威的参考标准,留给我们最多的,是行业先驱的宝贵经验,以及专业学者对相关词汇的定义分析。这种现象造成的后果是,凡是在这个领域有一定建树的人,都有自己独特的见解和理论认知。

与那些行业专家的经典书籍相比，本书打造的超级话题 6P 方法论，发轫于一次纯粹的公益行动——帮助一对身患成骨不全症的父女。

2011 年从阿里巴巴离职后首次创业失败，我在武汉的街头一边散步一边"思考人生"，路过一座大桥底下时，看到了一对父女，他们身材瘦小，全身软趴趴的，经过攀谈后，我了解了他们的遭遇，决定做点事情帮助他们。于是，我策划并拍摄了当时广为人知的视频《校门舞男 260 秒神奇穿越全国 11 个城市所有高校》，自己本色出演，跳着略显不协调的舞蹈，用在大学门前跳舞的方式发起了慈善募捐活动。这在当时引起了不小的轰动，先后被《人民日报》等多家媒体报道，我也受邀参加各大电视台的节目，最终成功募集善款 16.5 万元，为这对身处困境的父女贡献了我的微薄力量。

自 序

"校门舞男"肖大侠在西安交通大学门口跳舞画面

《人民日报》报道肖大侠的自制视频,引发广泛关注

经过这次成功的营销后,我决定投身这个行业,并

超级话题

从南方来到北京,开启了近10年的新媒体内容营销之路。近10年间,有几个案例是我个人比较自豪的。

为途牛旅游网策划的"只要心中有沙,哪里都是马尔代夫"事件营销案例,为途牛旅游网带来了500%的百度指数增长,这个案例在2016年获得IAI国际广告奖金奖,并斩获全场大奖。

途牛旅游网案例斩获2016年IAI国际广告奖全场大奖

为360手机卫士操盘的"老马背后的女人"悬念营销,被称赞为360最有创意的广告案例之一,获周鸿祎亲自点赞。

为vivo手机和高铁管家策划的"高铁跑男7 857公

自 序

里世纪告白"节日营销,借势情人节,短时间内获得千万级的传播量。

为宜信财富策划的"中国城市居民肯借钱排行榜",凭借独特的内容视角,被全国数十家地方电视台报道。

2017年为西安一个新兴的安全套品牌牛大叔,策划了"史上最长公司名称"事件营销,在社交圈引起大规模讨论,甚至掀起了注册奇葩公司名字的潮流。

2017年为西山居操刀"窦唯重返魔域"音乐营销案例,让"窦唯"这一热词连续三天登上热搜榜首位,《魔域》这款手游也成功完成上线前的宣传,上线24小时,网友充值金额就高达1 500万元,新增72万用户,公测19天后收入破亿元。雷军在19天之后的庆功宴送出了祝福。

在以上几个营销案例实操的过程中,我吸取了很多经验教训,使得超级话题6P方法论在反复实践中,从无到有,从稚嫩到完善。到了2016年,我带领的团队基本都是按照这套方法论在实操了。

两年前曾经有人提议我将超级话题6P方法论著书立说,当时我犹豫了很久,决定暂时放一放。但因为新媒体的环境瞬息万变,相应的方法理论过时的速度也特别快。很多朋友都在说,去年还在流行的营销书籍,今年再看就显得漏洞百出、缺乏实用性,我担心超级话题6P方法论也面临这种情况,所以这两年,我不断根据新媒体环境的变化,通过实战来检验超级话题6P方法论的适用性,根据新媒体内容的变化,在实战中对方法理论做出调整和迭代,以确保读者读到本书的时候,书里的理论、案例、方法都是当下环境中主流且实用的内容。

尤其在当下的环境中,产品的同质化、营销要求的个性化、市场的价格竞争、线上流量的高成本、大众对传播的不信任、品牌忠诚度的降低等问题,使我这位内容营销从业者面临巨大的挑战。作为从业近10年的"老兵",我决定在这个特殊的变革时期,将超级话题6P方法论正式公开,希望我这些尚在探索阶段的经验,可以帮助更多内容营销行业从业者克服焦虑。

这就是我决定创作并出版《超级话题》的初衷,从前是为了帮助那对身患成骨不全症的父女,现如今是为了帮助更多以营销为业的年轻人。

第一章

营销之困

环境变了,传统的社交模式、传统的媒体形式正在成为过去,由各个热点话题组成的碎片化时代已经到来;渠道变了,以前连接产品和消费者的传播渠道是电商、店铺、广告甚至网红,现在则是各种被消费者关注的热点话题。

未来,每个人、每个组织都应该为自己打造超级话题,让身边的朋友记住你的故事、了解你的标签、关注你的动态,让消费者被你的品牌魅力打动。

一、十个营销人，九个说营销越来越难做了

近年来，随着微博、今日头条、微信、抖音以及各类App（应用程序）的崛起，社会化营销渠道越来越多样化。社会环境变化速度之快，让我们每个人都措手不及，传统互联网从无到有、由盛转衰，移动互联网取而代之，短短几年就改变了我们的社交方式、娱乐方式、生活方式，乃至消费习惯，过去我们成长、生活、习惯的岁月正在成为回忆专用的"那个年代"。在这个背景下，焦虑已经成为普遍现象，年轻人为不确定的未来而焦虑，中年人为过去错失的机会和如今不多的机会而焦虑，企业家为竞争日益激烈、变化无常的市场而焦虑，营销人为新媒体环境的不可预见而焦虑……

知识付费的崛起，映射了社会的焦虑，却无法解决焦虑，只是提供了一种心理安慰。因为真正引起我们不适的，是当下的社会环境，或者更确切地说，是正在发生剧烈变革的社会，这给身处变革中的我们，带来了巨大的不适应感。

历史上有诸多变革时期，我们只能在资料中观察变革前后的巨大差异，却无法了解身处变革时代的大众当时的心理状态和普遍情绪。

第一次工业革命时期，一辈子只会耕地的英国农场主和农民，面对层出不穷的工业机器，是怎样的心情？

美国在第二次世界大战后，一跃成为世界霸主，整个全球经济体系都由美国做主，刚刚度过战时经济萧条时期的美国人民，面对战后前所未有的机遇和挑战，毫无经验的他们，会不会感到焦虑？

20世纪90年代互联网崛起，信息技术革命滚滚而来，面对计算机和互联网的兴起，与报纸、书籍打了多年交道的大众，在那个时期又是怎样的心态？

上述三个阶段，是欧洲的几名社会学家通过研究找到的近现代历史上社会焦虑症的高发期，但同时这三个阶段也是社会发展最快、商业机会最多、平民赚钱概率最大的阶段。因此，学者认为社会普遍的焦虑现象，与当时的社会变革速度有直接关系。同时研究也指出，当下属于移动互联网变革阶段，虽然没有对传统生产力造成颠覆性冲击，但是给大众精神文化生活带来的影响，远远超出任何历史时期。

当下是一个"温水煮青蛙"的特殊阶段，移动互联网改变了我们日常的生活习惯，也改变了我们获取外界资讯的方式，新媒体的崛起只是其中的一小部分结果。很多人已经察觉到我们身处的社会环境发生了变革，都不想成为温水中的青蛙，却对发生在身边的变革毫无应对之策，因而恐惧未知、越来越焦虑。

丁辰灵老师在《超级网红》一书里提到，随着传统电商、传统媒体的没落，以及超级网红时代的来临，每个人都应该成为群体或圈层的超级网红，这是社会环境变化的一种变现特征。但是没人思考过的问题是：既然超级网红时代来了，那么能成为"网红"的人有几个呢？站在广告营销行业的角度思考，谁做好了准备迎接这么多"网红"的到来？

营销圈的朋友都在讲，目前的营销和广告观念发生了很大变化，不能再继续传统的方式了，但是还没找到正确的新路子，市场就已经是一片红海，周围都是竞品。对此，我深有同感。如今确实是一个处处红海的碎片化传播时代，甚至是粉末化的信息时代。

我们先来看一个案例。2016年的巴西里约热内卢奥运会，是一场全球体育盛会。奥运会期间发生了两件有趣的事情。一是中国女子游泳运动员傅园慧爆红网络。她不是凭借摘得了100米仰泳的季军而走红，而是靠着一句"洪荒之力"和"我很满意"刷爆朋友圈。二是王宝强被出轨事件，几乎尽人皆知。最终中国在这届奥运会上获得了多少奖牌，却鲜有人记住。

为什么会出现这种情况？因为移动互联网带来了整个社会传播环境的变化，中心化、控制式的传播已经远去，现在整个社会开始步入个体崛起的时代，每个人都是内容生产者、传播者。这个时代会爆发很多难以预测的黑天鹅事件，或者说产生各种不可预期的蝴蝶效应。这是社会环境方面发生的变化。

再看另一个案例。2005—2007年，《京华时报》连续三年被评为"纸媒里面的状元媒"，新闻的转载率和点击率居全国第一。但是，《京华时报》在2016年的最后一个月停刊了。这并不是孤立事件，很多纸媒在这两年都消亡了。与之相反，2016年papi酱（网络红人）的一则贴片广告被拍出了天价——2 200万元。这距离她第一次上传短视频只有短短6个月时间。但仅仅不到一年，各路短视频崛起，又把papi酱拍在了前一片沙滩上，仿若掌声雷动后的寂静。

过去每天一个大热点，如今每隔4~5个小时就有一波新热点，而且呈现的渠道多样，从微博、微信，到知乎、直播平台，而传统营销节奏里的所谓一波三折或百转千回的蓄势期、预热期、爆发期、余热期，在这个高频的环境下已难以为继。

面对这样的复杂情况，我本人也每天处于焦虑中，因为时常担心自己被快速发展变革的传播环境抛弃，像一只已经察觉到危险的青蛙，无时无刻不在努力寻求新的出路。相信每一个从事广告、营销、新媒体行业的朋友，都有跟我一样的焦虑，同时也因为这样的焦虑而疯狂地吸收新知、与时俱进，不断地发现热点、归纳热点、创造热点。

环境变了，传统的社交模式、传统的媒体形式正在成为过去，由各个热点话题组成的碎片化时代已经到来。如果说人是社会的连接点，那么热点话题就是社交的连接点，这些被人津津乐道的话题，将作为新的、巨大的流量入口，改写整个传播规则。

渠道变了，以前连接产品和消费者的传播渠道是电商、店铺、广告甚至网红，现在则是各种被消费者关注的热点话题。未来，每个人、每个组织都应该为自己打造超级话题，让身边的朋友记住你的故事、了解你的标签、关注你的动态，让消费者被你的品牌魅力打动。

在移动互联网时代，企业的生长模式只有两种：一种是技术本身创造市场和消费者，如新能源汽车、云计算、区块链；另一种是通过技术来改进产品和拓展业务，如共享经济、新零售、短视频。在这个重娱乐化的时代，其实目前绝大部分企业都是第二种模式，毕竟能成为乔布斯和埃隆·马斯克的人凤毛麟角。

正因如此，人们的生活方式被技术大大地改变了，2015年至今，衣食住行娱各个产业都被互联网技术重塑了，互联网就像一场森林大火，蔓延到哪个行业，就会导致哪个行业洗牌和重塑。用户想用滴滴打车，意味着传统的出租车市场被革命；用户想订外卖，意味着餐饮环境和送餐环节被革命；用户开始习惯用视频App，意味着电视传播体系被革命；用户喜欢刷短视频大过刷微博看微信,意味着传统新媒体被革命……当这场大火把用户习惯全部都烧了一遍,整个营销环境也被革命了。

《三体》中的"降维打击"曾经多次被商业大佬提到,在商业模式中,"降维打击"指的是行业或企业普遍存在的供应链、人力资源、软硬件、仓储物流、产品定价等企业运营必备的商业条件,在整体水平不变的情况下,在关键条件上用更好的规则来超越。最著名的例子便是小米手机,在整体配置和用户体验不弱于其他手机的情况下,小米手机在价格优惠上实现对竞品的超越,从而实现了一个新生企业对同行的快速淘汰,短短几年,小米手机已经处于手机市场的前列,这也是前几年形容互联网模式最恰当的例子。

再看当下的传播环境,我们明显感觉到短视频对过去传统习惯的冲击。短视频更生动形象、更适合观看的特征,对文字和图文模式来说,都是一种用户级别的"降维打击"。

2017年6月在东京举行的亚洲广告周上,Facebook(脸书)的CPO(首席产品官)说:"到2020年,短视频会占整个社交平台内容的 80%。"不久后，国内就迎来了新一波短视频平台的爆发，快手成为人均消耗流量最高的 App，微博在短视频 MCN（Multi-Channel Network，多频道网络）上有 20 亿元的投入，今日头条在短视频上投入 200 亿元做内容扶持，阿里文娱推出了"大鱼计划"，百度投资了人人视频，腾讯推出了 12 亿元的"芒种计划 2.0"入股快手。如此多的资本涌入，直接促成了 2018 年短视频的井喷式发展。我们预测，短视频将占整个社交平台内容的 90%，短视频会成为全社会传播的基础媒介，每天的人均使用时间会从现在的 65 分钟增加到 120 分钟以上。

短视频的爆发直接反映了目前移动互联网技术对传播环境的冲击，流量越来越廉价，加载速度越来越快，用户加载观看视频的速度丝毫不亚于浏览图文，但是能得到更优质的观看体验。这是一种基于时间碎片化的、属于新媒体新形式——短视频的传播环境。

另外，具有优质内容的图片、漫画、表情、动态图等，也随着技术的提高更容易阅读，带给用户的体验更好了。

第一章 营销之困

可以看到，技术发展所导致的对传播环境的"降维打击"，使得营销环境在内容生产、传播介质、消费者价值观等方面，都发生了质的变化，并导致了更加激烈的市场竞争。从内容生产上讲，现在的公众号数量已经超过 2 000 万个，要在海量的内容中脱颖而出成为非常大的挑战；传播介质也越来越多元，微信公众号、微博、今日头条、哔哩哔哩等新的媒体平台层出不穷，过去的小众族群变为主导，IP 影响力带来的消费开始显现。整个社会越来越注重内容的价值观契合，大家会为了优质的内容付费，也会为了内容价值观的扭曲而集体声讨，如滴滴在接连出现负面事件之后，逼迫其整改的不是政府机关，而是由热点话题引起的舆论。

利用社会化媒体，制造并引爆话题，由原始素材触发，逐渐发展成为"雪崩式"的舆论狂欢，通过病毒式传播掀起一波又一波的流行热潮，这就是目前的营销环境。

对传统广告来说，这水已呈鼎沸之势，对传统新媒体来说，未来两年5G（第五代移动通信技术）的普及将是革命的到来，我们要相信科技的力量，相信它将给人类社会带来的不可逆转的变化。

在《定位》一书中，有几段关于生产力革命的描述非常深刻："马克思的伟大贡献在于，他深刻地指出了，以生产工具为标志的生产力的发展是社会存在的根本柱石，也是历史的第一推动力。""从唯物史观看，赢得第二次世界大战胜利的关键历史人物并不是丘吉尔、罗斯福与斯大林，而是弗雷德里克·泰勒。泰勒的《科学管理原理》掀起了现代史上的第一次生产力革命，大幅提升了体力工作者的生产力。""'二战'期间，美国正是全面运用了泰勒'更聪明地工作'方法，使得美国体力工作者的生产力远超其他国家，美国一国产出的战争物资比所有参战国的总和还要多——这才是'二战'胜利的坚实基础。 欧洲和日本也正是从'二战'的经验与教训中，认识到泰勒工作方法的极端重要性。两者分别通过'马歇尔计划'和爱德华·戴明，引入了泰勒的作业方法，这才有了后来欧洲的复兴与日本的重新崛起。包括20世纪80年代崛起的'亚洲四小龙'以及今日的'中国经济奇迹'，很大程度上都受益于这一次生产力革命。"

因此，对国内的营销环境来说，2020年前到来的5G，又将掀起一场"生产力革命"。

二、当下营销环境具体有哪些变化

第一个变化：产品的同质化，营销要求的个性化。

中国的制造能力有多强？走进超市放眼望去，只要是我们日常生活能够接触到的产品，市场上几乎都有竞品，产品的差异化非常小，同时也意味着产品对于营销的要求越来越个性化了，现在品牌往往不会像以前那样做全案，而是希望在单独的某个领域做爆款，做个性鲜明的集中宣传。

第二个变化：营销的市场竞争将日趋激烈。

我们中国人喜欢强调物美价廉、良心经营、利润率偏低，企业喜欢打价格战，这在某种程度上导致中国的百年品牌非常稀有。但是在近代的商业规律中，只有保证了企业利润，才可能去创新、研发、变革，否则企业就会为追求利益而在减少成本、控制渠道等环节做文章。今天的移动互联网加速了价格战，线上的价格战表现得更为激烈，这又会带动线下价格战的加剧，这些因素最终会导致品牌的营销越来越难做。

第三个变化：整个社会的迭代速度越来越快。

在科技界有一个非常知名的摩尔定律，其内容为：当价格不变时，集成电路上可容纳的元器件的数目，每隔18~24个月约增加一倍，性能也提升一倍。摩尔定律不仅存在于科技领域，今天的大多数行业也存在类似的现象。很多企业忙于推出各种新产品，有的新产品甚至还处于研发阶段就已经过时了，而刚刚还在执行的营销方案半路出现变更的例子也越来越多。

第四个变化：红利殆尽，线上流量成本越来越高。

过去这几年，只要电商存在比实体店更多的成本优势或者其他优势，就一定会有源源不断的商家往线上涌，这个流向不会在短时间内停止，除非线上也不赚钱了。而且，由于企业经营的惯性和商家的非理性，还有视野局限等原因，未来线上成本反而会比线下成本高。

第五个变化：信息的透明化让用户越来越不相信公众传播。

当前整个传播环境正在经历剧烈的转型，传统媒体遭受冲击并在努力寻求自我革新的机会。消费者由于信息获取的渠道多样并且可以有不同的选择，所以他们对传统媒体甚至权威媒体的依赖程度大大降低，而一些传统的广告形式也渐渐失去用户的信任，必须重新思考媒体与消费者关系的密度。

第六个变化：促销越多，收效越小。

现在不管是中国传统节日，还是西方传过来的节日，事实上在中国都是消费者的购物节、商家的促销节。这还不算，几大电商巨头还创造了有自己 IP 属性的促销节，像淘宝的"双十一""双十二"，京东的"6·18"，销售量都大得惊人。但是一个基本的事实是，对很多企业而言，促销这种事情就是表面上喧闹，实际上利润低得可怜，并且因为竞争加剧但市场总量有限，这些促销的收益越来越少。

第七个变化：用户对单一品牌的忠诚度越来越低。

移动互联网一个非常大的作用就是使信息透明化，消费者可以随时随地比较不同产品之间的差别。过去我们讲产品忠诚度，在某种程度上的隐含意思是："选这个会比较保险，选其他的我搞不清楚状况。"但是在信息透明的情况下，用户对什么产品都"清楚状况"了，于是用户就转向了以价格为中心的"忠诚"。

其实这些改变本质上都是由一个问题引起的，那就是信息的透明化和实时化。

消费者获取资讯的渠道和形式数之不尽，随便搜一搜，一分钟内就可以拿到一件产品的所有报价信息；要想知道产品的口碑，查看购买评论就能一目了然；对于商家的营销活动和推广信息，受众随时可以参与或拒绝。正是信息的透明化和实时化，让如今的营销环境发生了这些变化，并促使我们去思考。

有一个简单的模型：我们画一个三角形，三个角上分别标上企业、客户、资源。你会发现，今天的商业环境使这三者之间的信息透明化了，也实时化了。以前消费者要花很多精力才能知道各个产品之间的价格差别，现在只需要一次搜索，就能掌握这些差别。而且这三个要素的内部，信息也更透明化和实时化了。以前不清楚别人买了什么，评价如何也很难知道，现在看社交媒体、商品点评很快就知道了。

三角模型图

三、突破困境的前提：营销获得传播力的四个关键词

有一个有趣的现象：现在我们在网上随便搜一下"钢笔"二字，百度给出了近 5 000 万个结果，淘宝也有多张页面展示，京东给出了 80 多万个结果。如果我们是一家做钢笔的品牌企业，肯定会被吓到——网上的竞品太多，多得让我们眼花缭乱、无所适从。这说明生产力的过剩带来了产品的过剩，我们已经处在身边全部都是红海、处处都是竞品的时代。

尤其是做品牌传播和产品宣传的时候，几百万元的广告费砸出去，能够在这几千万个搜索结果中占据多少位置？这就是当下整个营销环境面临的困境，很多时候品牌的广告投放，如同石沉大海，静默无声，杳无音信。因为市场上同类的产品太多了，而且大家在宣传手段上又没有太大的创新，所以最后的结果就是广告费越花越多，反响却越来越小。

我们将这种现象总结为营销困境，即企业和品牌投入了大量的精力和财力进行传播推广，却无法收获更有效的回报。出现营销困境的原因，我在前文已有所提及，主要有两点：一是环境变了，传统的社交模式、传统的媒体形式正在成为过去，由各个热点话题组成的碎片化时代已经到来；二是渠道变了，以前连接产品和消费者的传播渠道是电商、店铺、广告甚至网红，现在则是各种被消费者关注的热点话题。

所以在本书中，我将根据自身近 10 年的营销经验，探讨我们如何在这个"变了天"的营销环境下，努力突破营销困境，打造属于自己的超级话题，做一只跳出温水的"青蛙王子"。

了解了当下短、平、快的新媒体传播逻辑，以及用户的认知模式、内容偏好后，我们能够清晰地感觉到，

第一章　营销之困

传统的广告模式正在失去力量。我们并不希望用户在看完内容后称赞"这则广告真棒",而是更希望用户称赞"这个产品真棒""这个品牌真棒""这家企业真棒",换种说法便是,希望用户在看到内容后被"圈粉"。

要达到这个目标,我认为营销首先需要满足以下四个关键词的内容。

1. 需要有"超级刺激"的强关联

在这个自媒体争做主流的时代,很多自媒体人非常喜欢利用眼球效应来抢夺用户的注意力,有热点就凑,有噱头就搞,恨不得让每个人都知道"它"的存在,因此诞生了热点党、标题党,甚至专门打擦边球在"红线"边缘试探。

这些都属于寻找"刺激因素"的手段,但是以上方法如果使用不当,往往会产生这样一个结果:用户只对事情本身感兴趣,选择性忽略露出的品牌、产品。这样不仅会造成宝贵的营销话题的浪费,而且可能使昂贵的营销费用付诸东流。

有一个经典的案例,电视机品牌 Colortrack 曾在广告中使用一位衣着保守但是很漂亮的女模特，这则广告在街上的广告屏中持续播放，通过目光跟踪仪发现，观众注视这则广告的时间非常长，并且在 72 小时后仍有 36% 的观众记得品牌名称。

在另一则同类广告中，品牌方选择使用一位衣着暴露的性感女郎，目光跟踪仪器显示，这则广告也吸引了很多观众的注意力，但是由于刺激因素过强，并且内容与品牌的关联度较低，72 小时后，只有不到 10% 的观众记得该广告中的品牌名称。

因此，无论品牌想要蹭热点还是想要尝试脑洞大开的营销新玩法，都必须遵循刺激因素与品牌强关联的原则。

2015 年，我们在做"中国城市居民肯借钱排行榜"案例的时候，将城市这个地理位置与用户做了强关联。只要是上榜的城市，都会有身在那座城市的用户主动参与和传播，用户不仅看了一个有趣的排行榜，更在自己身上打上了家乡和所在城市的烙印，变成社交中独特的"社交货币"。我们后来在做同类案例时，统一将这种强关联手法称为"超级刺激"。

2.需要让用户有"主人般的自豪感"

对任何一家品牌来说,如果能让自家的用户以品牌为自豪,那么它就是这个领域绝对的王者。这种地位不仅体现在销售数据中,也体现在用户的忠诚度和美誉度上。苹果便是依靠让用户拥有"主人般的自豪感",从而敢于在市场中频繁推出超高价的产品系列的。

百事旗下的休闲零食品牌乐事曾经在开发一款新型薯片前,跨过了专家的意见和用户调研,直接上线了一款Facebook应用,在应用中他们让网友填写自己偏爱的薯片产品名称,以及希望吃到的薯片口味,并将这些信息作为新产品开发的参考。最终,凭借这款应用,乐事推出了广受市场欢迎的新型薯片。

可见,借助合理的营销手段,打破品牌和用户之间的隔阂,通过交流,让品牌获得消费者的信任,可以有效地提升品牌号召力和用户忠诚度,给予用户"主人般"的待遇,用户便有机会成为企业的"精神主人"。

3. 需要有"舆论领袖"级的内容

在传统媒体时代,"舆论领袖"承担着信息的掌握和发布两个权威属性,因此被称为拥有"看不见的武器"的特权阶级。一名出身主流媒体的记者的观点和意见,在很多时候甚至比金钱更具有煽动性。

虽然现在的媒体环境已经让这种职业褪去部分光环,但是在众多的社会事件和舆论环境中,大众依然渴望听到"舆论领袖"的声音,因为我们都希望能有权威的声音,给我们带来具备可信度的资讯,省去我们自己筛选辨别的麻烦。如今的"舆论领袖"不单指个人或职业,更是一种优质内容的象征。

我们团队做过一项研究,发现社交网络上的用户一般分为两派。

一派是深度信息分享者,这类用户偏爱分享本人发现的新闻和资讯,或相关的生活、情绪、情感等关联内容,并且会输出自己的观点和分析。这部分用户的比例不到10%,但是其内容的阅读量占据了UGC(User Generated Content,用户生产内容)阅读总量的80%

以上。

另一派是轻度信息阅读者，他们频繁地浏览各种信息，产生了大量阅读数据，但极少发表言论，也很少有自己的观点。这部分用户就是流量的主要贡献者，有趣的是，虽然这部分用户很少发表观点，但是特别容易受信息分享者的影响。

为什么在新媒体传播环境下，有的内容可以获得可观的流量，而有的内容看似优质却无人问津？因为绝大多数用户的阅读习惯都是跟随"舆论领袖"。在营销的传播阶段，在确保营销诉求清晰的前提下，尽可能地发动深度信息分享者的力量，才能获得更多的声量，如果内容没有达到深度信息分享者的要求，自然不会有太多的跟随。

还有一个有趣的现象是，深度信息分享者更喜欢分享给他们带来惊喜和满足感的内容，比如酒店客房中突然出现的生日礼物、某美妆品牌特意给固定人群推出的定制礼盒，这些都是激发他们分享朋友圈的手段。星巴克多次在咖啡杯上玩一些概念花样，不仅满足了女性用户的少女心，也取得了良好的传播效果。

超级话题

我们做"史上最长公司名称"这个案例的时候,也是通过用户分享自己在国家企业信用信息公示系统官网上查到的信息截图,让每个好奇的人都有机会亲自去看一看,从而迅速在朋友圈里刷屏。

"牛大叔"公司名称在国家企业信用信息公示系统上的查询结果

4. 需要有更亲民的"后真相"

"后真相"(post-truth)是2016年才出现在《牛津

英语词典》中的词汇，意思是指，客观事实对公众意见的影响，不如情感或个人信念的影响大。

这个词汇出现是因为，在新媒体发达的时代，每个人都有发布、生产、传播信息的能力和权利，这使得个人的力量首次超越了媒介，人的情感可以成为触达他人的按钮，在传播中具有极大的优势。

不仅愤怒、悲痛、感动这样宏大、剧烈的情绪可以打动我们，有时候一些微小的情愫、情怀、情感，也很容易俘获我们的内心。

刀具品牌 Groovetech 曾经推出一部题为"史上最干净利落的分手"的短片，上一个镜头是女主抱着男主说"你回来了，我等了你好久"，下一个镜头却是两人干净利落地和平分手。

比起那些大肆渲染感情的广告，这种幽默、调侃、富有戏剧性的广告更容易引发用户情绪的共鸣，毕竟苦情戏看多了，用户更希望看到另一些能让自己微微一笑的亮点。

2017 年我们做"窦唯重返魔域"音乐营销事件，就是因为窦唯是一个特殊的情感载体，从 20 世纪 90 年代的风华绝代到后来的中年大叔形象,他代表了那一代人在现实生活中最真实的变化,所以当窦唯宣布发布新歌的时候,在中年群体中引起了共鸣。

四、打造超级话题:突破营销困境的四个策略点

前文我们提到因为技术发展产生对传播环境的"降维打击",导致营销环境在内容生产、传播介质、消费者价值观等方面都发生了质的变化,从而导致更加激烈的市场竞争。整个社会越来越注重内容的价值观契合,大家会为了优质的内容付费。从趋势上看,一夜成网红、一事造热点的频率越来越高。

这既是挑战也是机会。那么,到底如何抓住机会,又如何突破困境呢?

1. 用户中心:用户比产品更加重要——打破生产力增长带来的产品困境

只有以用户为中心,才能突破产品同质化带来的营销困境。用户的兴趣和爱好,他们喜欢的,他们想要

的，才是真正要研究的内容，而不是只专注在产品上，不能只琢磨产品有什么卖点。

有一个生产空气净化器的客户，其产品获得了红点设计大奖。他们觉得这是一个非常大的卖点。但在我们看来，这远远不够。我们给他们提出建议："你们要对用户的需求做一个调查，看看他们在消费空气净化器时的决策流程是怎样的。他们会在什么情形下触发购买的意愿？他们会通过什么渠道去了解相关信息？他们购买的时候，最看重的是什么？他们会对什么样的信息产生信任？他们会对哪些相关事情感兴趣？"只有当你真正了解用户的时候，才能抓住营销的切入点。

2. 爆点切入：消费者没有义务跟你打转——打破媒介激增带来的传播困境

为什么说消费者没有义务围绕我们的传播策略打转？我曾经在传统 4A（美国广告代理商协会）广告公司待过一段时间，当时做营销的时候，特别强调传播周期，要在时间的层面上做预热期、爆发期、收口期三个阶段，每个阶段都长达几天，整个传播计划的周期可能会持续一周或者更长。不能说这个方法是错的，但是如今的环境已经发生了质的变化。

今天，超过90%这样做规划的营销方案，真正实施下来，几乎毫无亮点。整个过程都是平铺直叙，并没有给消费者提供足够的认知。为什么会出现这种情况？因为在整个传播节点里，没有一个节点能火爆起来，让消费者真正看到，以及切身感知到。

如今的社会，一天有可能会有超过8个热点出现，如何从众多的热点中脱颖而出，才是需要认真思考的问题。

所以我们在做营销传播的时候，一定要从宏观面覆盖，转向以爆点切入。在整个传播的节奏里面，如何制造爆点，对消费者感知来说非常重要。同时，爆发期的时间非常短，一定要用短时间做足够多的爆点，才能在一个固定的时间点引发足够多的围观。

例如，我们为"牛大叔"策划的"史上最长公司名称"，并没有按照传统的营销节奏走，而是把公司名称作为一个爆点，2~3天迅速在律师圈、财务圈引发热议，最后各个国内电视台甚至韩国电视台都争相报道，让一个新创立的品牌瞬间火爆。

3.重视内容：内容比渠道更加重要——打破消费观变化带来的受众困境

很多时候企业做的全年度品牌计划，更像是媒介计划，而不是内容的传播计划。比如在一些企业的年度品牌计划中，会写着在某一个时间点要去某传媒做预算数千万元的户外广告投放或预算数百万元的其他媒介广告投放，但是却没有具体说明内容的传播计划是什么、要投放什么内容。但是站在消费者的角度，他们最直观的感知是，这个品牌投放了多少内容，内容是什么，这个广告有没有真正打动他们。

在真实的传播环境里，更需要重视内容的质量，相比渠道，内容的传播才是实质，将内容传达给真正的消费者才是关键。传统媒体是单向传输式的、点对点的传播，而话题式内容的传播轨迹是交互性、自传播、指数级、爆发式的。

所以只有重视内容，才能让用户和品牌一起产生内容，才能使内容形成自传播，才能花小钱办大事，用较少的预算获得足够大的传播效果。只有注重内容，才能在用户接收信息后不被过滤，才能引发共鸣，让用户心甘情愿成为品牌的粉丝。

SK-Ⅱ作为宝洁旗下的化妆品品牌，通过"神仙水"等热门产品，在中国乃至全世界得到了大量消费者，特别是女性人群的青睐。为了有效地维护自己的用户群体，SK-Ⅱ做了这样一个系列营销方案："改写命运"（Change Destiny）。

这个系列营销方案最大的不同之处，是颠覆了SK-Ⅱ过去的传播策略。过去SK-Ⅱ比较重视渠道，常用的方法是，请汤唯去拍一个预算上百万元的短片，然后在各个渠道，包括视频网站的贴片上投放上亿元的广告预算。

但是"改写命运"这个营销方案不太一样，SK-Ⅱ在投放策略上发生了变化。

首先，是在日本的投放策略。日本有这样一种社会现象：职业女性怀孕之后，老板会对这个员工施压。施压的目的是什么？是让怀孕的员工自己申请离职，借此节约企业的开支。SK-Ⅱ抓住这种社会现象，让大量有

第一章 营销之困

这样经历的女性,作为一个社会团体聚集起来,把她们的经历拍成短片进行投放,引发社会的高度关注。同时,引导舆论,以推动政府对女性职场保护的政策进行调整。SK-II通过这种营销手段,呼吁社会保护独立女性的权益。所以这个广告视频在日本上线后,引起强烈反响。

其次,SK-II同样在韩国投放了一个与众不同的短片。一个失去听力的女孩子,梦想参加韩国舞蹈大赛。但她没有听力,要如何感受音乐的韵律呢?她发现音响在震动的时候,会引起地面的共振。通过这种共振,她找到了舞蹈节奏,并最终获得韩国舞蹈大赛的冠军。这个视频短片,在韩国的社交媒体上广泛传播,并引发了很多女性的共鸣。

最后,SK-II在中国投放的视频名为"人民广场的相亲角",主题是关注中国的"剩女"群体。在重视传统婚姻观念的中国,对于这样一群独立女性的婚姻状况,大众总是会抱以最多的关注和最热切的议论。这个视频最终同样大获成功,之后SK-II在中国的销量大幅上涨。

通过SK-II的系列案例,可以看到内容对于营销的重要性，我们要从重视渠道转向重视内容，不仅要做一个媒介计划，更重要的是要有一个好的内容产出的计划。

4. 周期发声：像记住单词一样记住品牌——周期性结合前三个策略点发声，打破秩序困境

营销的策略，要从孤立的战役往周期发声上转移。因为只有周期发声，才能避免被市场遗忘，才能不在竞品的宣传下沦为附庸，才能不断吸引粉丝。我们来看看优步进阶式的病毒营销策略。

优步的营销策略有自己独特的风格，比如喜欢按照固定的时间节点、当下的社会热点去做营销。每逢节日，或者突发社会热点，优步就会做一些营销活动，并邀请其他品牌参与。

2014年是投资最狂热的时候，优步策划了一个系列营销事件。其中一个事件叫作"一键呼叫投资人"，投资人通过优步打车，上门给你送TS（投资意向书）。另一个事件叫作"一键呼叫老板"，在招聘季的时候，老板打车上门给员工送offer（录取通知）。

第一章 营销之困

优步还有一个知名的案例。在上海，优步策划了"一键呼叫直升机"事件，短时间内刷爆了朋友圈。后来，优步更是和由佟大为主演的电影《我的早更女友》做了品牌联动，策划了一个叫作"佟大为变身优步司机"的营销活动——佟大为开着红色特斯拉在上海街头使用优步 App 接单。第一位乘客上车后坐在后座，视线不离手机，尽管佟大为使出浑身解数明示暗示，仍然没被乘客认出，尴尬的画面让人忍俊不禁；后来上车的一些乘客认出佟大为后，立刻疯狂拍照发朋友圈，围着佟大为问了很多私密的问题，更是让观众开怀大笑。

在国外，优步还有一个营销方式叫作"Icecream day"（冰激凌日）——优步会在固定时间节点，特别是夏天最热的时候，去一个城市发放数万个冰激凌，用户只要在优步 App 上申请这项服务，优步就会安排司机将冰激凌送货上门。

在日本，每年樱花季的时候，会有很多人花粉过敏，因此优步相对应地策划了用无人机送口罩的活动。在泰国，优步根据泼水节这一节日节点，也做过将泼水节防泼装备送货上门的活动。可以说，优步在全球的营销投放策略，是周期性营销的典型代表。

为什么要做到周期发声？我们分享一个神奇的曲线——艾宾浩斯遗忘曲线。在很多四六级单词记忆书的第一页，总会有这样一个曲线——随着时间的推移，记忆的保留比率会越来越低，因此要不断强化记忆。按照规律，人们对品牌的认知也是这样。因此我们做品牌投放的时候，要根据艾宾浩斯遗忘曲线，重新对传播规划进行梳理。只有不断地出现在公众的视野中，才能被牢牢记住。一个品牌只有让消费者见过至少5次，消费者才能够对该品牌有足够深刻的认知。周期发声，对营销来说非常重要。

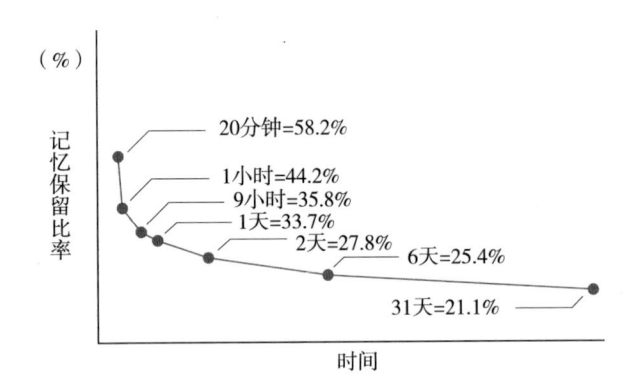

纵轴：记忆保留比率（%）；横轴：时间

- 20分钟=58.2%
- 1小时=44.2%
- 9小时=35.8%
- 1天=33.7%
- 2天=27.8%
- 6天=25.4%
- 31天=21.1%

艾宾浩斯遗忘曲线

总结一下，应对营销新环境的四个策略。

第一，以用户为中心，打破生产力增长带来的产品困境，而不是单纯以产品为中心。

第二，做到以爆点切入，打破媒介自身带来的传播困境，而不是一味从宏观面切入。

第三，重视内容，只有重视内容才会打破消费观变化带来的受众困境，而不能仅以渠道为中心。

第四，做到周期发声。只有周期性地发声，才能够使用户在一年时间里，反复强化对品牌的记忆，从而记住这个品牌，继而在产生需求的同时，能够对该品牌产品进行消费，产生用户价值。

五、超级话题万能公式：6P 方法论

基于多年的操盘刷屏级案例的经验和对超级话题的不断摸索总结，我们总结了一套超级话题万能公式：6P 方法论，即定位（Position）、关联（Parallel）、趣味（Pleasure）、传播（Push）、参与（Play）、转化（Promote）。

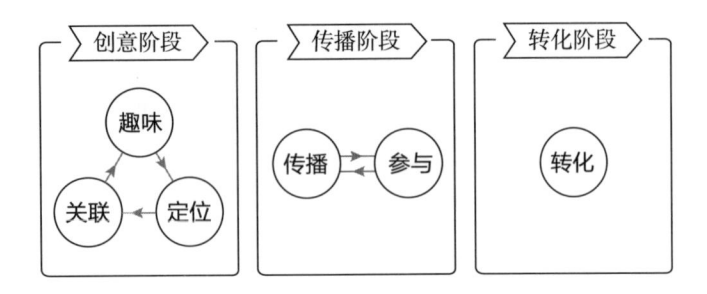

超级话题 6P 方法论的协同配合打法

在接下来的章节，我们将具体介绍超级话题6P方法论的六大实操层面，并将我们的一些经验，通过案例一一分享给大家。

六、小结

这是一个失控的时代。

这是一个快速变化的时代。

这是一个黑天鹅频出的时代。

传播步入了碎片化传播时代，甚至是粉末化传播时代。

基于过去稳定的、中心化传播环境的营销理论，开始渐渐失效。例如传统的定位理论，在碎片化的新媒体传播环境中，限制了很多产品的营销想象力。在当下碎片化、粉末化的环境中，如何打造超级事件，形成在短时间内高频、高热度的超级话题，让品牌在极短的时间内获得极高的传播收益，像一颗炸弹一样引爆传播——这就是本书的核心：如何通过6P方法论，打造属于品牌的超级话题。

第二章

定位：好的定位是超级话题的基础

在当下的新环境中，如果我们想要找到适合传播的定位策略，就需要脱离传统的品牌定位，更多地基于传播人群去定位。其核心在于圈定最容易传播的人群，利用信息的独特性，击中圈层人群的传播欲望，以圈层人群为基点，向四面八方扩散信息，短时间内达到一个极高的热度，进而依靠热度不断吸引更多圈层人群，最终打造一个既有量级，又有转化潜力的营销事件。

第二章 定位：好的定位是超级话题的基础

一、营销的三大定位

定位是营销传播的立足之本，好的定位更是超级话题的坚实基础。没有定位的营销传播，多半不会形成刷屏之势。

一说起定位，大家都会想到杰克·特劳特。他的定位理论能成为有史以来影响最大的营销理念之一，是因为该理论符合人类心智工作原理。

"商业成功的关键，是在顾客心智中变得与众不同，这就是定位。"对于定位理论的核心，杰克·特劳特的解读简短精悍。

"定位"与"特劳特"是两个关键词，它改变了人类对"满足需求"的固有营销认识，开创了"胜出竞争"的营销之道，揭示了现代企业经营的本质，不仅为企业阐明了获胜的要诀，更掀起了品牌生产力的革命风暴。

众所周知，传播的最终目的是转化成市场销售力，一举拿下消费者，使企业利润最大化。从这一最本源的层面来讲，传播首先要讲究定位，也就是将企业产品的属性和需要它的人群进行匹配对接，而不是没有目标地广而告之。

那么企业在宣传推广产品品牌信息时，应该进行哪些定位呢？首先，要找准产品品类定位，其次是消费者市场定位，最后是传播平台投放定位。

1. 产品品类定位

产品品类定位是，"将某个产品定位在消费者心中，让消费者产生类似的需求，就会联想起这个品牌的产品"。一个产品的定位，要充分结合市场上目标用户分布、消费能力、消费习惯等消费特征，通过详细的市场调研，进行细致的产品细分和定位。必须使自己的产品与市场上其他的同类产品有所不同，它应该看上去是市场上"唯一"的。

简而言之，就是创造产品的差异性，找准产品的卖点和切入点。

2.消费者市场定位

好的产品,必须要有好的消费者市场定位,即这个产品要卖给哪些群体。消费者市场定位所要参考的变量是:目标消费人群是谁?他们的消费能力如何?他们的消费心理和购买动机是怎样的?他们的消费特点是什么?他们获得产品的渠道有哪些?等等。只有消费者市场定位准确了,推广才有可能成功。

3.传播平台投放定位

虽然俗话说"酒香不怕巷子深",但在信息爆炸的时代,一个好的产品、好的品牌要想获得良好的市场表现,仅仅靠过硬的产品质量显然是行不通的,还需要适宜的推广宣传,即"自卖自夸"。在广而告之的广告轰炸已经过时的今天,选择什么样的平台传播、采取怎样的"自夸"方式,就变得异常关键,这需要根据产品品类定位和消费者市场定位来综合分析确定,要注意细分行业,精准锁定消费群体,进行定位传播。

二、营销自嗨等于品牌自杀

98%的刷屏都是营销圈在自嗨。国内某奖项平台如是说。其中，社交媒体的营销自嗨更严重，几乎已经成为营销传播的普遍现象。这里以微博、微信平台为例。很多企业看似在做新媒体营销，实则仍然在用传统广告理念运营，比如，注册一个微博和微信公众号，雇一位小编定期发图文帖维护。简单两步就代替了常规的广告投放、企业内刊、品牌公关等多种市场传播形式。

网感较强的品牌，会紧跟事件热点，借势热点和受众完成一些简单的海报互动，虽然阅读量未必会增加太多。网感不强的品牌，其微信公众号就会完全沦落为新闻中心，成为企业动态、领导人讲话、企业文化活动的宣传阵地，然后鼓动全员转发朋友圈，以为这样做就能达到传播刷屏的效果，但结果往往是阅读量过千都困难，粉丝量不增反降，用户活跃度也没有提升，彻底沦为品牌自嗨的舞台，更谈不上内容营销形成超级话题。

自嗨式的营销，究其根本原因：要么无趣，要么无用。

无趣是因为品牌在营销传播中，没有准确的定位，更没有特定的人格属性，冠冕堂皇地传达出"假大空"、不接地气的信息，目标用户对此类营销话题自然无感。

无用是因为品牌在营销传播中，没有向触达用户传递出具体的实用价值，用户自然也就不会被触动，更不会转发分享，传播就此终止。

很多品牌的营销自嗨，更多地表现在文案上。具体现象有以下三种。

一是词语堆砌。没有定位，没有洞察，一味地堆砌辞藻，以为用华丽的辞藻就可以打动目标用户。

二是滥用谐音梗。谐音梗是典型的自嗨型文案，通常情况下还要前后对仗。谐音梗说好听点是最简单的"创意"文案方式，可以最快地拉近产品和诉求的距离，但被滥用的谐音梗更多是哗众取宠。当然，并不是说谐音梗就不能用，在策略和创意能够支撑的情况下，合理地使用谐音梗依然可以打动和影响消费者。

三是过于主观。不站在目标用户的角度思考问题，把自己的主观意愿想象成消费者的狂欢。没有真正地与消费者沟通，没有站在消费者的角度去看这段文案带给他们的具体感受是什么。

以上便是自嗨式营销的常见表现。自嗨式营销做多了，久而久之，目标用户便会失去对品牌的好感度和忠诚度。营销自嗨等于品牌自杀，这句话虽然说得略有夸张，但值得品牌营销人警钟长鸣。

那么，不自嗨的营销是不是就是好的营销定位呢？当然不是。

杰克·特劳特是一个时代的传奇，他的定位理论影响了数以亿计的读者和实践者，在竞争激烈的今天，他所提出的种种观点仍被全球商人奉为圭臬。但定位理论在实际的应用中，似乎陷入了"品牌定位即品牌传播"的误区。

三、三大误区，让话题传播无效

1. 误把内容营销定位等同于市场品牌定位

传统的品牌定位不等同于新媒体的传播定位。有人觉得自己的品牌是高大上的，营销就不能和网红合作。这是误把营销定位等同于品牌定位的典型特征。

第二章 定位：好的定位是超级话题的基础

菲利普·科特勒曾经指出，品牌定位是市场营销策略的核心问题：通过设计公司的产品、服务和形象，从而在目标顾客心中占据独特的位置。品牌定位的结果是，"成功地创造以顾客为中心的价值主张"，并成功说服目标消费者购买该品牌产品。用通俗的话来讲就是，通过定位来追求与众不同，以使消费者将此品牌与其他品牌区分开来，进而在消费者心目中占有一定的位置。只要消费者产生了相关的需求，就会自动想到这个品牌及其产品。

企业进行品牌定位时，一般分为三步。

第一步，选定目标市场，按照市场中消费者的不同群体进行细分，然后在细分市场中选择最有可能成为品牌用户的部分，那部分就是目标市场。

第二步，针对这部分用户，提供符合他们利益的产品或服务，创造一种差别或者独特性，这种独特性必须是产品优势与目标市场消费需求相结合的产物。

第三步，通过企业市场营销与传播活动来明示定位，最终获得消费者的认可，因此企业的市场营销活动要与定位相配合，通过广告和促销等传播方式积极地向消费者进行传播。

看到这三步，是不是感觉似曾相识？我们在传播过程中，也需要找到目标群体，并且提供让目标群体感兴趣的内容，最终通过媒介策略和传播方式，将内容送达用户。艾·里斯与杰克·特劳特所提出的定位理论，从一定程度上讲，同样适用于传播。

但是，定位理论也有其局限性。受传统定位理论的影响，很多企业在做新媒体内容营销的时候，依然延续这样的认知，例如，定位就是市场定位，就是目标用户定位，就是品牌定位。很多营销人在应用的过程中，按照传统的定位方法来做，结果就像套了紧箍咒，在进行创意和策划内容的时候，被这个定位限制了。

无论是品牌定位还是营销传播，都服务于品牌的发展。但品牌定位应该是独一无二的，而品牌的内容营销定位则应该具有多样性和可变性，并服务于品牌定位，两者不可等同。

2. 误把内容营销定位等同于目标用户定位

有的品牌觉得自己的产品针对的是"95后""70后"

"80后""90后"的人群会觉得这个产品没有意义。其实不然，内容营销定位的和目标用户定位的不一定是同一群体。举一个简单的例子，比如奶粉，这类产品的内容营销定位应该锁定的是妈妈，但它的目标用户却是婴儿。

3. 误把内容营销定位等同于品牌产品定位

有的品牌认为，既然自己的品牌定位是 to B（面向企业）的，就不应该做 to C（面向消费者）的内容。但无论 B 还是 C，其实都只是特定的人群，如果过于将二者区分开来，就会限制营销的边界，无法打造出跨界传播的超级话题。

四、四个认知，带你重新认识话题传播

在这个全新的碎片化传播时代，环境的剧变改变了过去的定位理论，尤其是对于内容营销的定位。

我认为，每个人都需要对内容营销的新趋势有如下四个新认知。

1. 碎片化传播时代，每个人都是内容生产者

有一个特别有趣的现象：2008年希拉里和奥巴马竞选时，大家"长枪短炮"地面向希拉里拍照；而2016年希拉里与特朗普竞选时，大家背对着希拉里进行自拍。这说明过去内容的生产者是媒体，记者需要通过专业性的记录，供大众阅读；而如今内容的生产者是每一个人，即使是在场的记者，也会和普通人一样，通过使用自拍发 Facebook 的方式来生产内容，因为在新媒体的体系里，记者仅仅是那个更容易使内容传播的人，而不是决定内容的人。

2. 每个人都是内容传播者

随着移动互联网的不断渗透，几乎人人都有一部手机，再加上社交媒体的普及，微博、微信等社交媒体账号比比皆是。新媒体让传播更加扁平化，也让内容的传播更加方便和易于连接，随手一个分享转发，就是一次有效的传播。这种传播不是一对一的传递式传播，而是一对多的裂变式传播，这便是移动互联网时代社交传播

的特性。

3. 从容易传播的人群开始

微信公布的数据显示，截至 2017 年 9 月，微信已拥有 5 000 万老年用户，这些叔叔阿姨有一个鲜明的特点——特别愿意分享文章。同时，他们基本上是把文章分享给年轻人看，例如《千万别把西瓜和桃子放一起吃》《美国人都不吃转基因了，你还在吃吗？》这类文章。叔叔阿姨们还有一个特点就是喜欢省钱，因此他们特别愿意用拼多多买东西，会互相发拼单链接。对保健品品牌、日用品电商来说，他们就是优质的内容生产者和传播者，被称为目标人群。

而一些"95 后"用户则与老年用户不同，他们喜欢在朋友圈晒日常的一言一行，比如吃了个特别好吃的面包、新交了一个男朋友或女朋友、参加了哪些活动、去哪里旅游、去哪里逛街、在哪些地方发现了美食等。所以服务类品牌和快消类品牌将这部分年轻人定义为目标人群，利用各种手段和形式来让年轻人帮品牌传播内容，提升品牌知名度。

4. 只有起点，没有边界和终点

碎片化传播就是一个完整的链条，只要链条还在，信息便可以不断传播扩散，所以我们无法定义这个链条的范围和终点，它如同一张无尽的蜘蛛网，无论我们选取哪一个区域落地，都可以顺着网向四面八方扩散。例如，你没有办法在朋友圈里完全屏蔽你的爸爸妈妈，也没有办法完全屏蔽你的弟弟妹妹，同样，他们也没有办法完全屏蔽你。所以社交网络是没有边界的，只有起点，没有终点。

在营销策略中，定位是复杂多变的，需要根据营销目的改变定位的方式。没有一成不变的定位理论，只有不断跟随趋势变化的定位方法。

但是在当下的新环境中，如果我们想要找到适合传播的定位策略，就需要脱离传统的品牌定位，更多地基于传播人群去定位。其核心在于圈定最容易传播的人群，利用信息的独特性，击中圈层人群的传播欲望，以圈层人群为基点，向四面八方扩散信息，短时间内达到一个极高的热度，进而依靠热度不断吸引更多圈层人群，最终打造一个既有量级，又有转化潜力的营销事件。

这种定位传播人群、打造圈层式营销热点的方法，我们称之为超级话题定位。

五、三个圈定位法，找到传播的核心圈层

《定位》一书中，有一个论断令人印象深刻，那就是"改变心智是通向广告灾难之路"，不要试图改变人类的心智，这也是定位理论重要的原则。

我个人对于艾·里斯和杰克·特劳特的观点有更深刻的认识。定位作为一个营销概念，经常会出现在各类专业书籍中，有时被归类为营销，有时候被归类为战略；有人称之为战略定位，也有人称之为品牌定位。说法不一造成我们对"定位"这个概念产生混淆。我认为无论所在的行业、所处的环境、所做的项目是怎样的，一切的传播和营销，都只有在正确的时机和场景下才能实现，没有太多所谓战略，而是从一张海报、一句文案、一个符号抓起，我们想要告诉哪些人什么观点，就要针对这群人做什么营销，这才是实实在在的定位。

因此，我对超级话题中定位的理解非常简单：因人

而异。三个圈定位法，也因人而立。

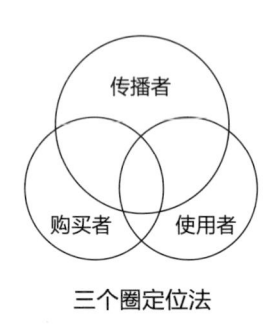

三个圈定位法

这三个圈分别代表传播者、购买者、使用者。使用者是指产品/服务的最终用户，购买者是指决策和购买产品/服务的人，传播者是指喜爱分享、传播的人。

这三个圈你可能会觉得眼熟，有点像消费者的决策行为分析模型，但是我在购买者和使用者之外加上了一个传播者。很多时候限制大家创意的核心问题是，只关注使用者和购买者，而忽略了传播者这个最重要的定位元素。病毒式创意营销的定位就是，找到能影响使用者和购买者的传播者人群，深入分析传播者画像。

列举几个案例来说明超级话题中定位的三个维度。

第一个案例，是我们在2011年策划的"瓷娃娃全国高校公益行——校门舞男"营销案例。"校门舞男全

第二章 定位：好的定位是超级话题的基础

国高校公益行活动"是一起支持"瓷娃娃"罕见病关爱活动的公益事件，致力于吸引公众对"成骨不全症患者"这类弱势群体的关注。

这个案例之所以把高校校门口作为营销视频场景，是因为校门口是一个影响中国校园人群的绝佳地点，这里发生的事情，会引起在校生和校友的关注。我就是利用这个特殊的地理坐标展开内容创意的。

当时关于定位人群的选择其实有很多，比如白领、医生、律师、大学生等，最终我们选择了大学生以及围绕大学为核心关联维度的泛大学生人群作为我们的传播者，因为大学生是更加愿意分享的群体。校园人群比较容易传播新生事物，也更容易触达。

在传播渠道上，我们首先选择了人人网，在当时，这是一个非常活跃的校内社交网络社区。

接下来要做的，便是在成骨不全症患者和要影响的受众——大学生之间寻找关联性，进行创意策划。我走遍全国11个城市，300多所高校，花光身上仅剩的2万元，拍摄了1组260秒的"校门舞男"视频，视频通过背景不断切换校门的形式，在各个学校引起了极大的关注。同时，借助视频的传播，我号召大家一起参与"校门舞男全国高校公益行活动"。

后来这个视频在人人网上的转发量突破了65 000次，而"校门舞男全国高校公益行活动"的捐款者，大部分是这些高校的在校生和毕业生。该活动共募集善款16.5万元，总计16 500人参与了募捐。

最后，通过进一步开展视频公益活动，更多意见领袖加入"瓷娃娃"公益活动和"校门舞男全国高校公益行活动"，主动承担传播者的角色。

作者肖大侠以"校门舞男"事件策划人身份接受人人网访谈

为了这次公益活动，我花光了身上所有积蓄，去北京找工作买高铁票的523元都是问朋友借的,但我却感受到前所未有的开心。一方面是因为帮助了患有成骨不全症的弱势群体;另一方面更是因为我终于找到自己喜爱和擅长的领域,那就是创意营销。

第二个案例,是我们曾经与柏拉图App做过一个性格标签测试的营销尝试,很多人的朋友圈在2016年7月被一张测试图刷屏了,只要识别二维码后进入微信公众号页面,输入姓名和生日,就能生成用户的性格标签并可分享给他人。这个营销事件非常成功,柏拉图App的微信公众号一夜之间涨了200多万粉丝,App的下载量排名也一度攀升至社交产品榜第15位。

从柏拉图App产品的特性上讲,它的适用人群是"95后",但是我们在传播的过程中,同时选择了"80后""90后""95后"这三个群体,虽然购买者和使用者是"95后","80后""90后"不一定会关注微信公众号或下载App,但是这并不影响他们成为传播者,我们的目的是让目标受众——"95后"看到这款社交App产品,并引导其下载。

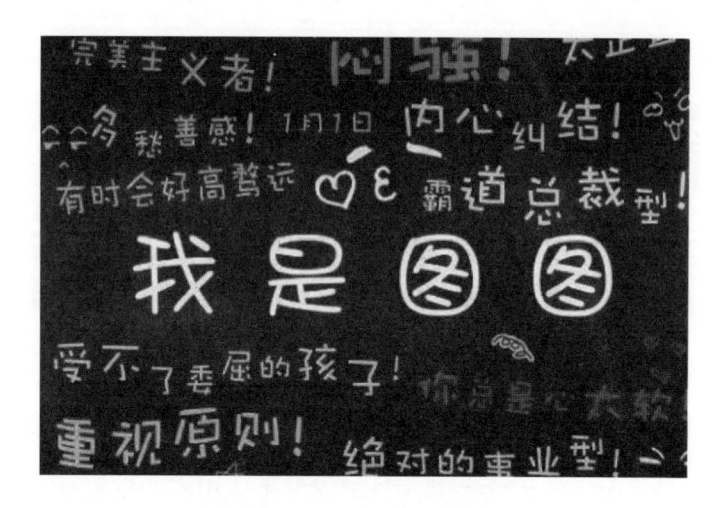

柏拉图 App 测试的微信用户截图

第三个案例，是我们为西山居手游《魔域》策划的"窦唯重返魔域"音乐营销事件。

2017 年，西山居推出手游版《魔域》，希望能召唤来 10 多年前客户端游戏《魔域》的老玩家，因为他们才是《魔域》的重度玩家。为此，我们联合西山居共同邀请了窦唯，请其制作并演唱游戏主题曲《重返魔域》，以唤起老玩家的回忆，使他重返《魔域》。

整个方案在执行过程中，定位的传播者是 35~50 岁的人群，因为这个年纪的人群大都知道"魔岩三杰"，并且是窦唯粉丝的主要群体。定位的购买者和使用者则

手游《魔域》的营销海报

主要是 25~35 岁的年轻人，这是客户端游戏老玩家的所在年龄层，也是游戏爱好者的所在年龄层。虽然购买人群与传播人群并不在一个维度，但是 35~50 岁的人群在朋友圈发消息时，会直接影响 25~35 岁这部分人群的购买决策，尽管他们可能不是窦唯的粉丝。

上文的三个案例非常具有借鉴意义。做营销决策，一定要注意区分传播者、购买者和使用者的定位，在做决策之前，要深入了解用户的画像。如果追求销量，就需要摸清购买者的人群画像；如果追求事件的传播量，就一定要找到传播者画像；如果希望提升使用者的转化率,那么在购买者、传播者之外,我们还得注意产品的使用者是哪部分人群,使用场景是什么,反馈如何,能不能带来二次传播。

我们在定位传播人群的时候,传播者画像尤其重要。一个项目能不能在短时间内获得声量、在受众中快速引发传播,就要看我们的内容能不能直击传播人群的痛点和痒点,并让人群成为传播渠道,向他们的社交圈进行扩散。

因此,在定位时需要注重对传播者画像的分析。概括来讲,主要有两个秘诀。

第一个秘诀是,搞懂用户对信息的筛选习惯和偏好。

不同的用户会对不同的内容感兴趣。例如,粉红少女会对娱乐新闻感兴趣,网络科技工程师会对各类黑科技感兴趣,广场舞大妈大多是《养生堂》这类节目的忠实粉丝。我们策划的"史上最长公司名称"营销案例,就是利用法律圈人士自然会对是否合法的事情敏感的特点。

第二个秘诀是,搞清用户的信息接收渠道。

用户每天会通过什么方式获取信息?是通过微博、

第二章 定位：好的定位是超级话题的基础

朋友圈，还是通过今日头条、网易新闻，又或者通过QQ（社交软件）空间？如果是通过朋友圈，就要分析这群人的社交图谱，看谁对他们最有影响力。学习宝App就是利用了老师对学生和家长有较高影响力这一点，找到了老师这个群体作为宣传的渠道，通过他们的朋友圈影响更多的学生与家长。

大家可以根据上文的传播者画像中的要素，准确定位自己营销项目的传播者人群，为后续的传播渠道选择、媒介策略制定提供方向指导。

第三章

关联：让创意的产生像做加减法一样简单

营销人在操盘超级话题营销案例时，最乐于采用的方式是，将品牌、产品的某个特征与一些具有流量属性的事物相关联，从而触发新的创意。用更接地气的话讲就是，将品牌的名称也好，产品也好，服务也好，和很多本来搭不上边的事情产生行为上的关联。这便是另一种意义的创新。

对这种创新的定义，并不是我们发明的。曾经有记者问苹果的创始人乔布斯："你创新的秘诀是什么？"乔布斯一脸诧异，说自己并没有什么创新，只是把很多不同的事情连接到一起而已。

第三章　关联：让创意的产生像做加减法一样简单

对于创意的产生，我十分认同世界公认的创意大师詹姆斯·韦伯·扬的详尽论述。他认为创意也有规律可循，产生创意的基本方法有以下两点。

一是，创意完全是把事物原来的许多旧要素变成新的组合。

二是，必须具有予以事物旧要素新的组合的能力。

这里提到的组合能力，就是关联度，我们掌握了它，就可以让创意的产生像做加减法一样简单。

一、为什么你的创意会枯竭？

大部分人对营销创意的认识，就是一群人在办公室里进行头脑风暴——天马行空地想象，畅所欲言，然后想出令人眼前一亮的创意和点子。但是这样做的实际情况是，经过半个多小时的讨论，众人从一开始的精力充沛、思绪万千，到讨论得越来越力不从心、疲态尽显，最终在反反复复的漫天讨论中，收获寥寥。往往可能是时间都耗费过去了，也没有和讨论的项目产生关联。假如每一次做营销方案都依靠凭空想象，生硬地开脑洞，每次都是从 0 到 1，那么创意自然会枯竭。

首先，按理来说，创意是不能量产的，并不是有了笔墨纸砚，就能下笔如有神地写出诗文；创意的产生有时候的确会灵光一闪，但也不是次次都有。我们每次想创意基本上都会推倒一切，从 0 开始，所有关于创意的思考，也更多的是局限于自己的经历和一念之想而已。如此高密度地讨论，很快就会榨干耗尽自己的经验思考，创意自然会枯竭。

其次，我们的创意也常常受到工作和生活环境的限制。毕竟创意这件事情，来源于生活，但又高于生活。我们长期处于熟悉的工作和生活环境中，很难会有新奇的想法和创意突破，常常会封闭于认知的茧房，深陷自我感觉良好的世界里，一旦这些想法和创意落地执行，就会显得空洞无力或难以为继，在外人看来更多的是自嗨。

最后，很多时候我们需要为一个产品或品牌策划营销、生产创意，但时间却很紧张。一般来说，策划工作既要有大的具体的方向规划，又要贴合热点，但如果没有时间熟悉产品本身，那么在短时间内是无法想出适合的创意的。

这些都是我们做创意时所遇到的种种苦恼。大多数时候,在创意面前,我们总是有心无力。

但是我们真的没有办法做好创意吗?不,不是的,只是因为我们没有找到得当的方法。

1. 创意不是天才的专利,不是抓不住的灵感

我们团队一直强调一个观点:创意是 99% 的训练加上 1% 的天才和灵感。俄罗斯杰出的批判现实主义画家伊里亚·叶菲莫维奇·列宾曾说:"灵感,是由于顽强的劳动而获得的奖赏。"

所以我们团队内部就会长期坚持进行网感训练,比如我每天都会花 3 个小时,按照 6P 方法论,搜集各种热点、有趣的事情、刷屏的案例,并且要求公司的同事都做这样的训练,因为只有大量地接触热点和新闻资讯,才能使我们保持熟练的网感和对新生事物的新鲜感,只有持续练习,才有可能为创意提供源泉。

2. 没有章法的头脑风暴只是浪费时间

很多人一提及创意，就会想到头脑风暴。其实据我观察，大部分的头脑风暴，都是浪费时间。因为没有章法的头脑风暴，只是在进行无意义的烧脑游戏而已，对项目而言，根本没有任何帮助。所以在构思创意的时候，我们都会按照创意流程图，一步一步地分解项目信息。首先我们会列出项目的重要内容、关键点和关联性要素等条件，再结合后文对提到的曼陀罗关联法和趣味性思维导图进行有关键点和关联性的思考，使得创意具备焦点和重心，避免无用功的头脑风暴。而所谓关联性就是在这个章节会详细说到的超级话题 6P 方法论中的第二个 P，即 Parallel——关联。

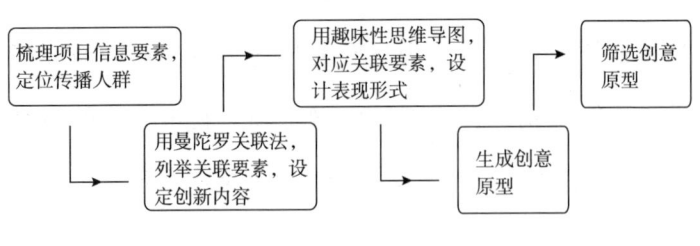

创意实操流程图

梳理项目信息要素，定位传播人群 → 用曼陀罗关联法，列举关联要素，设定创新内容 → 用趣味性思维导图，对应关联要素，设计表现形式 → 生成创意原型 → 筛选创意原型

二、关联：超级话题刷屏的秘密——万物皆IP，寻找高频场景

说到6P方法论中的关联，就不得不提诞生于21世纪初的4R理论：2001年，知名的营销顾问艾略特·艾登伯格在其《4R营销：颠覆4P的营销新论》一书中首次提出4R营销的概念。该理论以关系营销为核心，注重企业和客户的长期互动关系，重在建立顾客忠诚。

4R理论将营销归纳为四个要素：关联（Relevance）、反应（Reaction）、关系（Relationship）、报酬（Reward）。艾略特·艾登伯格认为，在营销中关联代表着企业和用户是命运共同体，企业建立、发展与用户的长期关系，是营销范畴中最重要的内容。

亚马逊率先尝试在销售体系中融入关联营销的手段，这个号称"不符合商业领域几乎一切规则"的在线零售帝国，从西雅图的一家互联网书店起步，发展到如今拥有近万亿美元市值，其成功的背后不仅有科技带来

的跨越式颠覆，还有营销思维迭代的影子。

关联营销在亚马逊的体系中逐步完善成熟，最终被写进了亚马逊的成功教科书。在亚马逊的营销手段中，关联被称为"Frequently Bought Together"（经常一起购买的商品），其模式是根据买家的习惯，自动生成用户偏好，对应不同用户群体提高产品的曝光率，增加流量入口。

同时，在亚马逊的关联营销中，还衍生出"互补关联""替代关联""潜在关联"等多种关联方式，促使整个亚马逊的卖家体系，不断寻找与用户偏好有关的信息，投其所好，让自家的产品出现在热门流量产品周边，实现电商圈的"蹭热点"。

1. 新媒体传播环境下颠覆传统思维的用户关联性

2010年后，传统媒体开始被新媒体取代，内容、渠道和人的关系发生了巨大的变化，让不少以前的营销人大呼"广告太多，用户不够用"，过去是渠道为王，新媒体时代则是内容为王。在内容同质化、渠道失控、用户难以取悦的背景下，传统的营销策略和节奏渐渐失效。

第三章 关联：让创意的产生像做加减法一样简单

不同于过去少数精英人群对信息的掌控，新媒体时代的信息掌握在大众手中，每个人都是内容的传播者，这也使得信息呈现碎片化。用户因为总会被分散注意力，而没有精力去欣赏精致的营销内容，而是开始喜欢与自己关联度高、参与度高的内容。

新媒体环境下，任何能够获得爆发式传播增长的事件，都是因为与用户群体产生了深度的关联，并且利用这种关联，降低了用户消化和储存信息的成本，所以更快速、更暴力地在用户心智中扎了根。

如今，随着新媒体传播环境的变化，一种全新的病毒式传播理论开始出现。沃顿商学院的营销学教授乔纳·伯杰对最热文章进行追踪，提炼出"STEPPS"法则。

"STEPPS"中的"S"指社交货币（Social currency），迎合消费者的炫耀需求；"T"指促因（Trigger），用刺激物激发人们的记忆；"E"指情绪（Emotion），通过情绪传染调动分享的欲望；第一个"P"指公共性（Public），设计并包装产品和原创思想以制造一种行为渗透力和影响力；第二个"P"指实用价值（Practical value），运用专业知识为消费者创造价值；"S"指故事（Story），将重要的信息注入故事情节当中，方便大家记忆和口口相传。

其中的公共性、实用价值、故事三个部分，用我的语言来解读，便是通过与用户具备强关联的IP，结合产品的某项特征，打造能够让用户关注和传播的超级话题，从而达到传播品牌和产品的目的。

这与当下的传播环境是相吻合的。《创造101》节目在2018年的火爆，正是利用"STEPPS"法则，打造符合年轻社交环境的"社交货币"，通过情绪、实用价值、故事的包装，打造"给王菊投票""膜拜杨超越"等诸多富有公共性的超级话题，最终丰富了需要娱乐性话题的大众的生活，使该节目成为一个受欢迎的明星节目。

在这里，我们将营销领域中的关联性定义为：借助强IP，打造对用户具有影响力的超级话题，达到传播品牌和产品的目的。

2.关联性如何在营销中发挥作用？

回顾过往，我在操盘超级话题营销案例时，最乐于采用的方式是将品牌、产品的某个特征，与一些具有流量属性的事物相关联，从而触发新的创意。用更接地气的话讲就是，让品牌的名字、产品、服务和很多本来搭不上边的事情发生关系，产生行为上的关联。这便是另一种意义的创新。

对这种创新的定义，并不是我们发明的。曾经有记者问苹果的创始人乔布斯："你创新的秘诀是什么？"乔布斯一脸诧异，说自己并没有什么创新，只是把很多不同的事情连接到一起而已。

想要利用关联性打造超级话题，在营销中发挥作用，是有一些必备前提的。

第一点，操盘者需要有优秀的网感。

一个优秀的广告创意人，不一定是天才，但一定是经过长期训练并进行大量阅读，拥有良好的营销触觉，对热点、议论、受众心理、传播趋势有良好的网感，能够在第一时间感知营销话题趋势的人。

在我们的理解中，网感便是对资讯的敏感度和对周边环境的感知度。有的人看到网上频繁地讨论中年人养生，第一时间会想到很多中年人都在用保温杯，进一步联想到保温杯里泡枸杞——这似乎成了中年人养生的标配，于是，将中年人用来泡枸杞的保温杯做成了热点。

我身边有一位网感优秀的朋友，在鹿晗公布恋情后，敏锐地察觉到其背后庞大的粉丝群体，经过一番调查，写出了《鹿晗的4 000万粉丝，都是价值月薪3万的超级运营》一文，当天就收获了几十万的阅读量。

第二点，需要一个自带流量属性的IP。

产生关联性的事物，必须本身就具备话题属性，可以带来与用户较深的联结，吸引更多的目光。例如，苹果手机（iPhone），这是一个拥有上亿用户的超级IP，苹果手机就是有流量属性的东西，因此我们总是能见到国产手机品牌发布会上出现与苹果手机的对比。再如，四大名著，中国人基本上都知道四大名著，这是中国古典文化的IP代表，所以影视圈一直喜欢围绕这些名著IP拍剧。

还有一个流量的大户是明星。为什么《中国好声音》必须邀请周杰伦出场？是因为他的粉丝量大，只要把周杰伦这个超大的粉丝流量池搞定了，节目收视率自然不会低。当时，我们的团队就为一个来自新疆的干果品牌，策划了"129岁新疆奶奶欲参加《中国好声音》为周杰伦加油"的营销事件，引起了非常多的关注。

当然，很多用户熟知的生活方式、娱乐场景、日常工具，高频共享的场景、空间、时间元素以及情绪、情感等，也是无法用流量来衡量的IP，它们在各种广告方法论中看不见，在后台的数据中也摸不着，但是它们会出现在我们看到的每一个热点、每一个广告之中。

第三点，万物皆IP，寻找高频的共享场景。

高频共享的场景、空间、时间元素以及情绪、情感等，都可以形成IP。前文提到的苹果手机，便是一个高频共享的场景。苹果在全球拥有上亿的用户，这些用户每天都会在使用手机的过程中，产生很多有共同体验的场景。

2015年苹果手机推出了土豪金款，大家都在朋友圈讨论这件事情。后来苹果手机推出了红色款，很多人依然在关注和讨论，因为这跟亿万苹果手机用户息息相关。任何一个跟苹果手机有关联性的广告，都是一个高频共享场景。

高频共享场景会形成超强的关联性。这里有一个案例，便是品牌利用苹果手机的超强关联性，最终成功借势上位。

Blendtec 是美国一个新兴的搅拌机品牌。自 2011 年苹果 4S 上市后，Blendtec 每年都会把最新款的苹果手机，放在自家的搅拌机里搅碎，并拍摄成一个名为"Will it blend"（这能搅碎吗）的视频，在网上播放。

而且每一次，品牌老板汤姆·迪克森都会亲自上马，把最新款的苹果手机、iPad（苹果平板电脑）等，放在其最新款的搅拌机里面搅碎。借着苹果产品的超高人气，汤姆把 Blendtec 这个品牌从零做到了市值上亿美元。2016 年，汤姆还借势"三星电池门"事件，把最新款的苹果手机和三星手机做了对比测试，可是结果让期待已久的公众很失望：三星手机并没有爆炸。

最近，这个品牌把用搅拌机搅碎苹果手机的营销手段，直接搬到了中国的大街上，老板亲自在现场演示苹果手机如何在搅拌机里变成一堆电子碎片，并由此成功登上微博热搜榜，虽然其产品不一定符合国人的消费习惯，但是营销手段绝对是把准了国人的口味。

既然别人能在苹果手机上做关联营销，那么利用手机上的微信自然也可以做关联营销。微信是我们日常生活中使用最普遍的社交软件之一，2017年其活跃用户数量已经超过9亿，每天都有海量的信息在微信中流通，所以整个微信生态已经是一个超高频的场景。

例如，2017年的两会期间，我们和《人民日报》利用微信做了特别接地气的营销活动，有效地迎合了新媒体传播趋势，"总理给我发红包"和"两会喊你加入群聊"这两个H5（移动端网络页面）成功在全国人民的朋友圈里刷屏，就是利用红包和群聊这两种用户经常用的微信生态场景。两会作为时政性很强的新闻话题，与红包、群聊这两种老百姓经常用的互动形式相关联，于是产生了裂变式爆发的传播效应，不到一天就刷爆了朋友圈。

有了先行者做尝试，我们如何继续使用关联来打造超级话题？基于这个需求，过去几年，我带领团队整理了国内外诸多带有关联性营销的成功案例，并且在实操过程中，多次利用关联性，创造了几个千万级的刷屏案例，最终总结出一个完整的关联营销公式，我们称之为"曼陀罗关联法"。

超级话题

产品名称	公司名称	产品包装	财富	成绩	工作	作息时间	节假日	历史穿越
机构结构	**机构属性**	编制	年龄	**个人属性**	性别	纪念日	**时间**	成长史
服务标准	流程	产权专利	星座	健康	爱好	特殊记忆	时区	未来
网络红人	男女歌手	男女演员				爱情	亲情	公益
体育明星	**热点人物**	历史热门		使用者		师生情	**情感**	爱国
行业热门						兄弟情	友情	
热卖媒体	热门影视	热门音乐	安全感	尊重	自我实现	衣服	出行	户外空间
自媒体	**热点娱乐**	热门动漫	公平正义	**情绪**	成长史	住宿	**空间**	餐饮
热门娱乐	热门比赛	热门事件	鸡汤	成就感	地位	外出场景	天气	地域地理

曼陀罗关联法

在曼陀罗关联法中，我们对目前营销体系中的关联形式做了详细分类，分为个人属性、机构属性、时间、空间、情绪、情感、热点人物、热点娱乐，总计八个维度。这八个维度基本将近几年优秀传播案例的关联方向囊括在内，并且通过我们进一步细化，每个维度都能形成多个"传播要素"。

如果用一句话总结，可以毫不客气地讲，曼陀罗关联法是迄今为止首个将关联营销系统化的工具。

依靠"项目信息×关联要素×趣味形式＝超级话题原型"的逻辑结构，曼陀罗关联法解决了"关联要素"的系统化难点,帮助营销人更直接、更迅速地做创意、营销方案。

曼陀罗关联法的核心是项目信息。它可以理解为品牌诉求、产品特点、传播核心等我们需要的信息(what)和传播对象(who)。而基于这些基本的项目信息,可以与外围的八个维度进行关联尝试。

三、100+ 关联度,让创意的产生有迹可循

前文中,我们对目前营销体系中的关联形式做了详细划分,分成八个维度。接下来,我们将针对这些维度进行逐类分析,通过案例来展示它们在构建营销创意时的用处。

1. 个人属性 / 机构属性

个人属性和机构属性,是策划营销时最常用到的两个维度。

在个人属性上,策划营销创意时我们可以去寻找工作、星座、年龄、爱好、性格、处于什么财富阶段、成绩等的关联。

超级话题

还是以我们做过的案例来进行展示。大家对综艺节目《最强大脑》都不陌生。作为国内首档大型科学类真人秀电视节目，《最强大脑》汇聚了百位天才少年进行顶级智力PK（对决），比赛过程让观众看得手心冒汗，大呼被"别人家的孩子"震撼。这个节目留给观众最深刻的印象，恐怕就是这些天才少年的智力成绩了，而成绩，正好是个人属性维度下的一个细分维度。

其中，在新东方任职的杨易凭借在比赛中的出色表现，给观众留下了深刻的印象，并以其惊人的脑力、呆萌的气质收获了一众学生粉。于是我们团队和新东方教育立刻做了以"成绩"为话题的营销活动，在微博上打造"拜杨易过高数"的热门话题。

"拜杨易过高数"创意海报

这个创意是怎么落地的呢？首先，我们从高数考试入手——因为大学高数考试难度很大，当时也刚好临近考试季。同时，杨易是清华大学的学霸，职业又是数学老师，二者关联度高。其次，杨易喜欢发微博，有一定的粉丝量，所以我们选择微博作为我们的营销渠道。基于此，我们制造了"拜杨易过高数"的微博话题，方式是杨易与即将考高数的粉丝互动，假如互动后粉丝考试通过了，便会自发对此话题进行传播。这件事经粉丝认证后，迅速发酵，呈病毒式传播，并引发多个大V（有大群粉丝的用户）转发，仅一天时间，话题阅读量就突破了1 500万，有1.7万余条的讨论。杨易本人和新东方教育因此获得了大量关注，新东方的教育品牌也获得了巨大曝光。

好的成绩，每个学生都想得到；而对于普通成年人来说，好的工作，没有人会拒绝。在营销策划中，职业是很重要的关联维度，实际传播中基于职业这个关联维度的策划屡试不爽，类似"我是怎么从月薪3 000到2万的""带你从0到1入门互联网运营""3分钟让你成为文案高手"这样的公众号文章标题，就是借助了职业的关联性。

个人属性维度里面还有很多细分的维度，由于与人有强关联性，所以这些维度的出现自然会引起大家的关注。

其实机构属性也一样。比如"2018年麦当劳中国公司改名为金拱门"事件就刷爆了全网，这是典型的基于机构的名称属性所形成的传播。

2017年，我们还亲手策划了史上最长公司名——"宝鸡有一群怀揣着梦想的少年相信在牛大叔的带领下会创造生命的奇迹网络科技有限公司"事件营销。实际上这个策划的起因很简单，当时这个公司的朋友请我吃饭，说打算注册个公司，做成人用品生意，一直发愁怎么在公司开业之初就一炮而红，获得大家的关注和支持。因为这家公司的创始人姓牛，我就从名称这个关联度出发，也参考了国外一些超长汉堡名字的做法，进而创造出了有39个字之多的公司名称，通过两个月的注册申请，得到了工商许可。

正是因为公司名称超长，对于其合法性，很多人都出来质疑，所以这个事情首先经过律师圈曝光后，20多家报纸、国内各大电视台、韩国电视台及BBC（英

第三章 关联：让创意的产生像做加减法一样简单

国广播公司）都争相报道，之后又有大量的自媒体跟进报道，网络上的讨论更是热火朝天。媒体的自发报道让我们节省了很多媒体投放费用。那么，我们投入的成本是多少呢？不妨告诉大家，我们一共只花了 2 000 元的传播费用。2 000 元就帮助一个卖成人用品的初创公司，获得了价值千万元级别的曝光。

2017 年北京成人展时牛大叔的广告

事情到此还没有完！我们是在 2017 年 6 月 8 号引爆了这个话题的，紧接着 6 月中旬"牛大叔"就收到了北京成人展的邀请。更不可思议的是，7 月 1 日在北京 898 国际会展中心的入口，主办方制作了一个大幅广告，说"史上最长名称公司'牛大叔'入驻本展"，该公司又一次成功占据 C 位（核心位置），而"牛大叔"品牌也在那一天的时间里拿到了价值 1 500 多万元的订单。

2. 时间

时间是很重要的关联维度。因为任何事情的发生，都离不开时间这个要素。尤其是一些特殊的时间点，如节假日、毕业季、购物季，更是商家的必争之地。现在几乎所有新媒体营销公司，都非常重视时间节点的营销，甚至很多公司内部，都有专用的营销日历。

2015 年的"双十一"，我们团队负责操盘 360 手机卫士在"双十一"期间的营销战役。当时，由阿里巴巴最初发起的"双十一全球购物狂欢节"愈演愈烈。毫无疑问，这是天猫的主场。作为经历数次"双十一"洗礼的绝对主角，天猫将自己定位成国际市场，整合了大量的资源与各种应用，主打气势磅礴的"碾压战"。

即便如此，其他各路诸侯也摩拳擦掌，希望从中分得一杯羹。

在互联网圈，360 手机卫士虽然没有电商基因，但它手握移动互联网安全钥匙，而且也希望向外界秀出

"红衣教主"的风格。360手机卫士的项目信息比较简单，产品名称是"360手机卫士"，核心卖点是"安全"。

我们把安全与两性（女性是"双十一"购物的主力）、"双十一"、企业家等关键词连接，能够联想到哪些创意？将安全与两性这个关联要素联系，就自然而然地想到了"安全期"。把"双十一"和企业家这两个要素放在一起想，"败家娘们"和"马云"这两个词就迅速地浮现出来了。

我们当时在考虑趣味的时候，根据趣味性思维导图中的形式（在第四章中会详细描写），做了很多假设，最终选择了"悬念"和"歧义"这两种形式。因为这很容易引起大家的讨论。

在"双十一"这个特殊的全民狂欢购物节点，我们就在素为国内舆论风向标的《南方都市报》连续打了两天整版广告。

第一天整版广告的文案是，"老马：11月11日，不在安全期，不能'那个'。——老马背后的女人"。

第二天整版广告的文案是，"老马背后的女人：11月11日，放开血拼，有问题我负责。——360手机卫士"。

超级话题

"老马背后的女人"

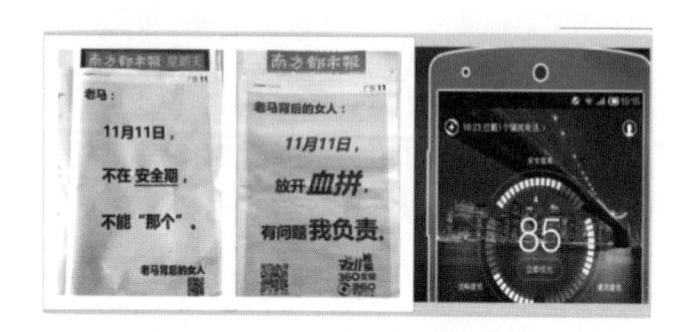

360手机卫士"双十一"期间的创意报纸文案

《南方都市报》第一天登出的整版页面引起了社会的广泛关注，大家纷纷猜测"老马"是谁，"老马背后的女人"又是谁，后来大家才知道这是360安全卫士在"双十一"期间做的一则报纸悬念营销，这种悬念的打造成功让360安全卫士在众多的"双十一"营销策略中成为最吸睛的赢家。

这个案例，我全程按照"项目信息 × 关联要素 × 趣味形式 = 超级话题原型"的公式进行创作，过程中有很多其他要素，经过我多次复盘、过滤，最终确定下来这个创意，并成为"双十一"借势营销的一个经典案例。我们这次站在了舆论的暴风眼上，为了惊醒网购人群，甚至不惜顶着骂名做营销。可喜的是，这次营销受到了社会的广泛关注，360手机卫士的百度指数也从13万，涨到了19.8万，获得了巨大的曝光。而这个营销案例，也被智威汤逊亚太区主席陈耀福评为2015年"双十一"广告营销的全场大奖。

3. 空间

万物皆IP，除了时间外，空间也是一个高频的场景。

以我自己操盘的第一个营销事件——"校门舞男"为例。在260秒的视频里，主人公以跳舞的形式穿越了全国11个城市的所有高校校门。实际上，视频中的大学校门口就是一个高频的场景。这个场景很容易抓取出来，也很容易引发大家的共鸣，而思想活跃且时间较为充裕的大学生，也非常适合作为核心传播人群。

除了大学校门口这种具体的、基于三维空间的地理位置外，还有方言、工作场景、外出场景等虚拟的高频场景，也属于空间维度。比如说我们的微信朋友圈，就是一个高频场景。再比如风靡一时的游戏《王者荣耀》，也是一个高频场景，所以给小孩取名"王者荣耀"这样的新闻，才会刷爆网络。

在空间这个关联维度上，我们最成功的案例是"只要心中有沙，哪里都是马尔代夫"的营销视频。它借助马路、马尔代夫、沙滩、天气等一系列空间元素，营造出了极富趣味的场景，在炎炎夏日给端坐在闷热办公室里又想去旅行的人们带去欢乐与慰藉，从而获得了高曝光度和话题性。这个视频最终的播放量突破3 500万次，而广告主途牛旅游网的百度指数也因此上涨了500%，极大地提高了品牌的知名度。

"只要心中有沙，哪里都是马尔代夫"营销海报

4. 情绪/情感

共同的情绪也是一个很重要的关联维度，因为人都有七情六欲。共同的情绪，会激发出大家非常强烈的共鸣，从而做出同样的行为，并分享到社交网络。特朗普能当选美国总统，并不是因为他最受精英群体欢迎，而是因为他了解美国广大非精英民众的情绪，他在竞选时设立的原则，迎合了美国底层人民的情绪，所以他才能够获得民众的选票，并成功逆袭。

还有就是情感，每个人都身处复杂的社会关系中，亲情、爱情、友情，这些情感都是非常高频的关联。

2016年1月，我们团队和I Do珠宝品牌做过一个关于爱情的话题营销，整个话题营销是这样的：2016年元旦假期刚过，I Do人事部发出一则"为爱放假"的全体内部邮件，全体员工均可享受"结婚纪念日7天假期"。

超级话题

I Do 的内部邮件截图

此消息先是在朋友圈刷屏，随后在互联网上掀起热议！网友纷纷表示羡慕，赞叹公司制度人性化，而"结婚纪念日7天假期"一下子成了热搜词，甚至还有网友提议将"结婚纪念日"定为国家法定节假日。

2016年1月6日这天，我们邀约众多蓝 V（微博认证机构）品牌，参与话题互动，包括可口可乐、滴滴、360浏览器、途牛旅游网、乐视影业、好搜、58同城、世纪佳缘、同程旅游、珍爱网、百合网、本来生活等50多个品牌均参与其中。

第三章　关联：让创意的产生像做加减法一样简单

（部分）品牌商家的联合营销海报

通过一封刷爆网络的企业内部邮件，就让关爱员工情感生活、重视婚姻经营的企业形象深入人心，也让

I Do 这个品牌获得了大量的曝光。

5. 热点人物 / 热点娱乐

不管是热点人物，还是热点娱乐，都自然而然会引发大家的关注。比如，2009 年奥巴马访华时，在上海科技厅有一个女孩仅仅因为把自己的红色外套脱掉这样一个动作，就一夜爆红。媒体报道的标题是"奥巴马演讲现场，美女当众脱衣"。不管是不是她刻意安排的，蹭热点对新媒体内容营销来说，很多时候都会事半功倍。

我们在 2013 年 10 月操刀了一个案例，叫"寝室两女生惊艳弹唱《爸爸去哪儿》"。这个视频的双周播放量突破了 4 000 万，累计播放量突破了 1.5 亿。里面植入的游戏《我是火影》的百度指数达到 13 000。当时《爸爸去哪儿》第一季热播，是娱乐热点，排在百度热搜榜第一名。正因为看到它的热度非常高，于是我们就马上借势做了营销活动。

我有一个习惯，就是每天会花 3 个小时进行网感训练。其中 30 分钟会看百度热搜榜和娱乐热点。当时看到《爸爸去哪儿》热度很高，我就在想怎样结合一款游戏，去引爆校园这个市场。"寝室两女生惊艳弹唱《爸爸去哪儿》"这个营销案例就是严格按照我们的 6P 方法论推导出来的。

我们团队一手操盘策划的手游《魔域》公测时期营销方案，就是通过关联维度中的热点人物去引爆游戏玩家的关注的。由于《魔域》的客户端游戏在十多年前具有极高的影响力和口碑度，所以我们希望首先唤醒那些沉寂了 10 余年的老玩家，这是此次营销的重点和难点。

从一开始，我们就放弃了选择流量明星为游戏代言的套路，而是希望找到一个与游戏调性更加匹配的热点人物，激活整个游戏玩家群体。经过层层筛选，排除万难，我们邀请到了窦唯"出山"，为游戏制作了主题曲《重返魔域》。

为什么邀请窦唯？首先，当然因为他是热点人物，是个话题十足的歌手，他的一举一动都能牵动整个娱乐圈。其次，窦唯的粉丝在年龄层次上与《魔域》客户端游戏的玩家群体匹配度高，这些粉丝会在朋友圈转发窦唯的新歌，并将信息传播给同年龄层的《魔域》客户端游戏老玩家，从而激活后者。

经过大半年的准备和录制，2017年10月12日凌晨0点24分，窦唯本人在知乎上透露了新歌《重返魔域》的相关信息："应邀之作《重返魔域》发布，欢迎朋友们试听。"《重返魔域》歌曲的完整版——窦唯时隔两年的新作正式发布，让歌迷惊喜不已。

新歌很快在各大音乐平台上线，并迅速引爆微博和朋友圈，人们从歌曲信息中惊喜地发现，这首歌是《魔域》手游的主题曲！

正是由于热点人物窦唯的话题效应，所以《魔域》手游的公测成绩惊人。仅公测开放24小时，流水就破1 500万元，新增玩家近72万人，"窦唯""重返魔域"百度指数高达10万。公测19天，流水更是突破1亿元，《魔域》成为年度的热门游戏。

四、让创意有的放矢，是超级话题成功的一半

上文中提到的关联度其实还有很多细分的子关联度，比如经过分类总结，个人属性这一关联度下面还可以细分出财富、成绩（业绩）、职业、健康、年龄、星

座、爱好、性别、姓名等子关联度，每一个细分关联度都可以作为创意发散的切入点，打造出超级话题。但囿于篇幅，我们不一一展开。

所以，创意从来不是拍脑门想出来的，关联度是创意的突破口，有了关联度，创意的源泉才不会枯竭。每次接到营销传播的需求时，我们可以打开关联度导图，一一搜寻，比照每一个子关联度能否和需求结合，如此顺藤摸瓜，创意也会因而变得轻而易举。而有的放矢的好创意，特别是有理有据、有洞察的创意，是成功打造超级话题的关键。

那么问题来了：关联度如何切入？一句话来总结：万物皆IP，寻找高频场景。

1. 万物皆IP

万物皆有道，IP才会赢。一切商业皆内容，一切内容皆IP。从关联度入手，找到和需求关联度最高的IP属性，由此结合、发散、延展，创意的诞生便会水到渠成，超级话题的打造也将手到擒来。

正如吴声老师在《超级IP》一书中提到的："超级

IP 的内核，是辨识度极高的可认同的商业符号，它意味着一种对于打动人心的内容的身份认同，意味着自带势能和流量，自带压强，或者具有足够压强的一种社群商业标签。"所以关联度的寻找、超级话题的打造，其实就是要找到最具传播力和营销价值的 IP。

2. 寻找高频场景

高频意味着更高的曝光可能性，更高的曝光可能性也就意味着更大、更多的传播渠道。营销人都知道，好的营销离不开精准的渠道。超级话题的打造更是需要精准的渠道。找到高频场景，以关联度为切入点可制作出"万物皆 IP"的高质量内容。简而言之，高频场景是超级话题的温床！

艺术源于生活，又高于生活，超级话题也是如此——来源于高频场景！高频场景也就意味着更接地气，更易于传播。

那么，一个创业公司或个人要想制造刷屏级的超级话题，获得巨大的社交媒体曝光度，应该怎样操作呢？这也是我在培训时经常给学员留的互动小作业，读者们可以思考一下。这里仅给出一些指导性的提示，比如从关联度中的职业维度入手，具体分析职业的四大核心要素——职位名称、岗位要求、岗位内容、劳动报酬。

第四章

趣味：世界人民通用的 100+ 趣味法则

趣味是内容在各个环节上的一种锦上添花，增加趣味性需要在满足产品功能的前提下进行，不必为了有趣而强行有趣。

在这里，我们将营销领域中的趣味性定义为超级话题的解决方式。它使创意的表现形式更有趣，让话题更具共鸣性、话题性、争议性和传播性，有助于打造对用户具有影响力的超级话题，达到传播品牌和产品的目的。平平淡淡不是真，是你的营销真没劲！

第四章 趣味：世界人民通用的 100+ 趣味法则

一、到底什么才是营销趣味？

趣味是指创意的表现形式要有趣，让创意更具共鸣性、话题性、争议性和传播性。

最近两年，有一句话风靡网络："好看的皮囊千篇一律，有趣的灵魂万里挑一。"据考证，其出自英国作家王尔德，原文是"漂亮的脸蛋太多，有趣的灵魂太少"。

品牌营销同样如此，我们都希望有一天，自家品牌能和这个一本正经的世界擦出精彩绝伦的火花，能够幸运地成为别人记忆中那个有趣的某某某。最怕的是一直碌碌无为，却还安慰自己品牌形象端正，"没有消息就是好消息"。

对于趣味性，不同人有不同的理解。但是总体来说，趣味性是指某件事或者某物的内容能使人愉快，是能引起兴趣的特性。

关于营销的趣味性，有人这样定义："它以一种亲和力，使观众在新奇、振奋的情绪下，深深地被作品展示的视觉魅力和情感魅力所打动。它可以使受众在获得信息的同时得到美的享受,在审美体验的过程中轻松、自然地接收营销传播所传递的信息。"

在广告营销的各个环节中,很多阶段都能体现趣味性。这是一个创新的年代,如果你的广告作品千篇一律,那么对用户来说,就是很乏味的作品。所以在满足用户基本需求的同时,我们可以加入一些具有趣味性的东西,比如文案、声音、交互细节、图像等,让最终呈现出来的效果更加有趣。

二、趣味,为创意注入疯传代码

那么,如何使我们的广告营销有趣呢?可以从以下几个方面尝试一下。

1. 学会说话

简单来说,就是通过夸奖或傲娇的语气来满足用户的虚荣心和好奇心。有时候看似不经意却最直白的幽默,会更显有力。例如,江小白的表达瓶主打 UGC,在酒瓶上设置二维码收集消费者自己的想法,由此发布的每一段文案更能引起目标消费者群体的共鸣。同时，江小白把单向的广告变得互动性更强，将产品变成一个超级自媒体，使得江小白拥有无限的创作空间。

瓶身营销也一直是可口可乐的特色。从2013年开始的昵称瓶、歌词瓶、台词瓶、密语瓶等一系列瓶身营销，让可口可乐圈粉了无数年轻人。据说，昵称瓶的推出，使得当时的销量较上年同期增长20%，超出预期销量10个百分点，还帮助可口可乐一举摘下2013年大中华区艾菲奖的全场大奖。

你可能会认为，好品牌自己会说话。但是，只有产品卖得好的人才会说"好产品自己会说话"，卖得不好的好产品，因为品牌缺少记忆度，造成品牌的辨识度差，早早地就夭折了。品牌要学会进取和变通，学会怎么跟"90后""00后"等年轻一代好好"说话"，要不断顺应时代的变迁。

2.模拟真实场景，让用户感受细节的用心

2018年8月1日，连咖啡在其微信服务号上线了小程序"口袋咖啡馆"，用户可以自行装修和上架商品，

拥有一家属于自己的咖啡店，并且真的可以在线上售卖咖啡！

据连咖啡 CMO 张洪基介绍，口袋咖啡馆上线首日 PV（页面浏览量）超过 420 万，开设超过 52 万个咖啡馆，其中 10% 以上的咖啡馆实现了真实销售，售卖情况最好的口袋咖啡馆，仅第一天就卖出 200 多杯，甚至超过很多线下咖啡馆的单日销量。

如此惊人的效果，一方面得益于微信营销环境的日渐成熟，另一方面也在于连咖啡对社群裂变营销玩法的创新。这是一套系统的引爆朋友圈的玩法，也处处藏着挠到用户痒处的小心机。通过模拟真实的咖啡馆场景，用户因为趣味而代入其中，并细致感受到连咖啡对于细节的追求与用心。而这样具有趣味性的互动，使得用户自然而然地与品牌站在了一起，不仅提升了品牌的知名度，还提升了用户的品牌忠诚度。

3. 玩不腻的小彩蛋

泰国广告在广告界以神反转著称，很多泰国的广告案例都非常经典和精彩，真是让人不服不行。究其原因，是泰国的广告将那些猜中了开头却猜不中结尾的彩蛋玩得出神入化。

无独有偶，在《吐槽大会》中，李湘吐槽张绍刚，说他每天早上喝京都念慈庵清嗓后练声"我不讨厌，我主持得很好"。池子吐槽韩乔生，带出"vivo 柔光自拍"广告语等，不断引发场内笑声。这些节目形式本身就颇具话题点，品牌的幽默植入也很容易突破观众心防，拉近与观众之间的情感距离，进而引起病毒式传播。

彩蛋的玩法还有很多，在我操刀的途牛旅游网——"只要心中有沙，哪里都是马尔代夫"案例中，营销视频里就有很多故意设置的彩蛋，比如：在马尔代夫的海滩上，"艺术家"手中的果汁被外国人抢走一饮而尽，"艺术家"被海浪打翻在海水中……这些小彩蛋无形中让整个视频更加幽默有趣，让旅游显得更加轻松惬意，从而使视频背后的广告主途牛旅游网的品牌好感度也因与有趣内容的连接而得到了提升。

4. 不如一起玩游戏

当下的年轻人是活力无限、热爱游戏的一代，因此，品牌要有针对性地用激励的方式满足用户的游戏心理。

耐克在前几年研究出可以让消费者在运动中获得"弹簧"般缓震回弹感觉的"Nike Epic React Flyknit"（产品名称）跑鞋，为了宣传推广这款产品，耐克花了2 000万元人民币，在微信小程序游戏《跳一跳》中投放广告，将品牌露出和游戏玩法紧密结合，进行创意植入。游戏玩家跳上耐克定制盒子之后，基座会变色并出现"NIKE REACT"（品牌名称）的字样，稍做停留即可获得20分的额外加分，并看到"Go"（走）的动效。"弹""跳"既是《跳一跳》的玩法，也是耐克REACT系列跑鞋的特性。游戏和跑鞋"神同步"地一跳，既融合了游戏原有设置，让用户在沉浸式体验中感受产品特点，也大大提高了用户对新品的认知度和对品牌的认同感。

而随着《跳一跳》的招商，品牌将有更多机会植入游戏中，拉近与用户之间的距离，让社交游戏与品牌创意碰撞出不一样的火花。

5. 制造点声响

制造点声响，就是通过对不同感官的刺激来增加产品印象及代入感。比如前两年很火的说唱节目《中国有嘻哈》，就通过吴亦凡带火了"freestyle"（即兴说唱）和"skr"（网络用语）这两个热词。特别是"skr"，发出的声音极具穿透力，在传播上的灵活性比"freestyle"更甚，后者在表情包和人们的玩笑中依然代表它的本意——即兴说唱，而"skr"却有多种含义。因此，只要节目一直做下去，它的话题热度就不会"skr"而止（适可而止的谐音）。

简单来说，声音作为操作行为的一种反馈，在提示用户的同时，可以增强代入感，也可以打破常规，吸引用户注意。

综上所述，不论是以上哪种手段，在使用之前都要认清，趣味是内容在各个环节上的一种锦上添花，增加趣味性需要在满足产品功能的前提下进行，不必为了有趣而强行有趣。在策划营销的过程中，也要多思考是否可以做更多深入的细节优化，反复推敲，在适当的场景中融入细腻的情感化设计，让趣味成为营销创意的点睛之笔。

在这里，我们将营销领域中的趣味性定义为超级话题的解决方式，它使创意的表现形式更有趣，让话题更具共鸣性、话题性、争议性和传播性，有助于打造对用户具有影响力的超级话题，达到传播品牌和产品的目的。平平淡淡不是真，是你的营销真没劲！

三、世界人民通用的100+趣味法则

下面我们为大家介绍一下6P方法论中，比较常见的趣味性创意元素（玩法）。

1. 冲突

著名创意人叶茂中老师是我非常敬佩的广告界前辈。他说，一流营销制造冲突，二流营销发现冲突，三流营销寻找冲突。我对此非常认同。我们常说企业所提供的服务与产品是帮助消费者解决各种冲突的，事实上，企业的营销如果能够搭上冲突这个词，那么效果也会不一样。好的创意要好玩儿、有话题性、有冲突性，才能形成自来水式的传播效应。

什么是冲突呢？按照普遍定义来说，冲突是一个过

程，这个过程肇始于一方感受到另一方对自己关心的事情产生或将要产生消极影响。下面我们可以细分一下冲突的种类，并用案例分别说明它们在营销策划中的作用。

（1）制造对赌和比赛

冲突产生于双方的意见不一致，但对赌本质上并不是对立，而是谋求一致，只是在形式上有较强的冲突性，能够产生关注点。

2016年，日本别府市就通过对赌的形式，制造了一次超级话题。别府市市政厅在YouTube（视频网站）上传了一个宣传视频，主要介绍Spamusement Park（温泉游乐园）计划，该计划把大家熟悉的过山车、电车、摩天轮和天然温泉进行了完美结合。别府市市长承诺，如果该视频的浏览量达到100万，别府市就真的会开始着手建造温泉游乐园。随后该宣传视频在网络上疯传，短短几天内浏览量就超过了100万。对此，别府市市长回应称："作为世界上最大的温泉城市，我们想通过创新的方式向大家展示温泉的魅力。温泉游乐园的想法应运而生。我们希望把这个创意变成现实，温泉产业要开辟一个新的纪元，这只是个开始。"

超级话题

别府市 YouTube 宣传视频画面

为休闲娱乐产业赋予地区特色并不稀奇，但是让人眼前一亮的创意推广方式十分稀少。别府市市长通过制造对赌的方式，不仅成功吸引了受众对温泉游乐园的注意，同时也进行了变相的民意调查，以判断新市场的空间以及前景。这种在打破常规的基础上进行的有趣新奇的大胆设计，可谓别出心裁，恰到好处。

喜欢拳击运动的伙伴们，肯定都听说过拳击界史上最值钱的拳击比赛——梅威瑟与帕奎奥的世纪对决，这场对决让观众期待了5年之久。美国职业拳王梅威瑟和亚洲拳王帕奎奥都是世界级的拳王，帕奎奥是世界最伟大的拳王之一，拥有非常多的拳王头衔，而梅威瑟是身

第四章　趣味：世界人民通用的100+趣味法则

价最高的拳击选手，至今保持着48胜26次KO（击倒）的纪录。

从2009年开始，二人在各种公开媒体场合和社交媒体Twitter（推特）上掐架，你来我往对骂了多年，终于迎来了2015年的拳王大对决。这场对决吸引了全世界的目光，门票在黑市炒到了极高的价格，最贵的一张票价值14万美元。这场比赛的收入打破了体育史纪录，电视转播权、门票、赞助的收入合计超过10亿美元。这场比赛之所以获得如此多的关注，甚至轰动整个世界，一方面是因为，双方都是拳王，拥有大量的粉丝和支持者；另一方面是因为，他们仅约战和打口水仗就用了好几年，在新媒体的大环境里制造了多次冲突，吊足了关注者的胃口。两位世界级的拳王通过制造冲突的套路获取了极大的关注，使得这场比赛成为世纪对决，最后两位拳王名利双收。

再举个关于我们衣食住行中的"食"的例子，即西少爷肉夹馍创造客流量的案例。一个初创品牌，如何在创立之初就获得如此大的声量呢？特别是餐饮品牌，在开业之初，凭什么就能获得最大的人流量呢？

西少爷肉夹馍在望京 SOHO 开业时，就特别组织了一场比赛——"老潘大战小鲜肉孟兵"——比做俯卧撑，同时准备免费的肉夹馍供大家品尝。西少爷创始团队利用诱人的活动亮点以及互联网营销，在活动当天，引发各路"嗷嗷待哺"的人群到店，据说当天到场共有 1 000 多人，把店面围得水泄不通。这些人一是为了看潘石屹和孟兵的俯卧撑比赛，二是来蹭吃免费的肉夹馍。活动过程中，西少爷将 7 600 个肉夹馍免费送给了在望京 SOHO 上班的白领。

西少爷通过制造潘石屹和孟兵的俯卧撑比赛、免费送肉夹馍给消费者的事件营销，把事件和比赛结合起来，是非常有效的营销方式。这种营销方式把事件变成了热点，并发动了更多的人来参与这个热点，使西少爷肉夹馍在望京 SOHO 一炮而红，一下子引爆了西少爷的品牌。

我们针对冲突这类争议事件，总是充满极高的关注度和好奇心，特别是名人之间的对赌和比赛，很有可能会成为我们生活和工作之余的谈资，并无意间形成一个超级话题，使得冲突事件中的参与者和品牌方都获得大声量的曝光和传播。

（2）语言和肢体冲突

冲突的产生大多数来自信息不对称，所以冲突多是从语言冲突开始的，直到引发更大的冲突，比如肢体冲突。如果一个人因为惩恶扬善而与别人发生肢体冲突，这个人很容易就会成为正义的化身，如"罗永浩砸西门子冰箱"事件。

2011年11月20日，罗永浩和一些志愿者来到西门子中国总部进行维权活动，用铁锤砸烂三台有质量问题或有设计缺陷的冰箱，并向厂家递交书面要求，督促西门子公司立即改正拒不承认产品问题、推卸责任、忽视消费者诉求的恶劣做法，并召回有问题的冰箱。被砸冰箱的主人分别是音乐人左小祖咒、作家冯唐及罗永浩。同时，罗永浩所带领的志愿者还打出了"温和要求承认并解决冰箱门问题"的标牌。

罗永浩在西门子中国总部砸冰箱维权的营销事件能够成功引起网络热议的原因有两个。一是，罗永浩是名人，他的一举一动都受到大众瞩目；二是，砸冰箱这一举动充满冲突性和对抗性，具有很强的话题点。普通人维权不外乎找商家、找消协投诉，产生的最多是一种较为温和的语言冲突，而罗永浩却把冰箱搬到西门子公司楼下，将要求诉诸行动——带有示威性质的砸冰箱举动，这让人们在了解整个事件真相、逼迫西门子公司解决问题的同时，也对罗永浩的个人形象起到了塑造作用，可谓一举两得。

与罗永浩同属营销圈名人的董明珠、雷军，也制造了一场赚足观众眼球的语言冲突。在 2013 年央视财经频道主办的第十四届中国经济年度人物颁奖盛典上，小米创始人雷军和格力集团董事长董明珠就当时互联网和实体模式展开激辩，并立下了"10 亿赌约"：5 年后谁的营业额胜过对方，输的一方就要给胜方 10 亿元人民币。这 5 年间，两人都被无数次追问，双方都坚信自己会是"赢家"。

董明珠和雷军的"10 亿赌约"让两人及各家公司赚足了关注度，并且热度经久未退，究其原因，传播的关键点在于"两个知名企业家的对决""10 亿豪赌"，这两个人本身的冲突性就很有看点，打赌也是语言冲突的表现形式。观众喜欢看这种带有冲突性的营销事件，主要出自娱乐心理，目的并不明确，就是猎奇和看热闹，以娱乐八卦的心态来打发时间，增加谈资。而观看与分享的这一过程，无疑会让人产生很多愉悦感。因此，语言冲突是有效吸引关注的手段。

说到语言冲突，我们难免会想到一般意义上的吵架，事实上，还真有人就夫妻吵架制造了一场营销事件。2017年12月，一则"败家娘们街头狂喷保时捷大哥"的视频在微博上广为流传，一个穿蓝色貂皮大衣的女子站在一家皮草店门前和老公吵架，逼老公立刻去刷卡，并喊道："不买貂我就改嫁！"男女双方的言语纠葛吸引了大批吃瓜群众，大家纷纷拿出手机拍照。

这场营销事件过后，皮草店剩下的几件紫貂销售一空。

在这则营销事件中，女子为了让老公给她买貂站在大街上挑起冲突引众人围观，这种炒作手段其实不值得借鉴。但是这类事件一旦发生，总能引起人们的关注，归根结底还是因为事件本身所带有的冲突性。冲突对受众来讲极具吸引力。在做策划时，可以从受众的看客心理入手，刻意制造语言或肢体冲突，再借由媒体进行炒作，就可以取得良好的传播效果。

（3）调戏竞争对手

在这个世界上从事同一行业的人远远不止一个，故此就会出现彼此相对的竞争对手。而竞争者之间，除了相互暗中较劲之外，就没有握手言和的时刻吗？其实不然，汽车界的奔驰和宝马就是相爱相杀的一对冤家。2016年3月7日是宝马创建100周年纪念日。作为一家有130年历史的老牌企业，奔驰在当天发布了一则广告，大致内容是："感谢100年来的竞争，没有你的那30年其实感觉很无聊。如果没有宝马的一路同行，奔驰最创新的科技、最酷的设计、最好的顾客满意度……当然，还有销售额、市场份额、利润……可能都不会随之而来。因此，我们来了，贺老朋友的百岁生辰！当然，我们也要做点儿表示：下周，奔驰博物馆邀请宝马的伙伴免票参观！驾驶的宝马车可以免费停放在广场入口处，前50名参观者还将领到一份礼物！"

奔驰和宝马在2016年的这场互相调侃的大戏，是营销界的经典案例。通过调侃竞争对手来拓展自身的知名度是知名品牌惯用的营销手段。品牌间你来我往的调侃，无形中把彼此都炒成了新闻热门事件的焦点，极大地吸引了广大看客的关注和围观，使双方都获得了很大的品牌曝光。

竞争品牌联手搞事情的案例太多了，除了宝马和奔驰之外，我们不得不佩服同样是行业巨头的麦当劳和汉堡王，它们上演的调侃对手的戏码让人眼前一亮，刷新了大家的认知。

麦当劳曾做了一个视频广告，广告中路口竖立了两块广告牌，左边的小广告牌告诉路过的人们再前行5公里，就可以到麦当劳就餐了，而右边则是麦当劳专门针对对手汉堡王设计的广告牌，牌子上的内容告诉人们，只需要左转弯右转弯若干次，就可以到258公里以外的汉堡王就餐了，同时还不忘温馨地提醒人们路上要记得加油。

作为被调侃的一方，汉堡王立刻做出反击。他们拍摄了一段视频并把麦当劳的这组广告牌加了进去。视频里一对情侣开车路过看了一眼广告牌，然后到麦当劳要了一大杯咖啡，并对服务员说还有很长的路要赶。言外之意，麦当劳只不过是半路上的中转站，汉堡王才是目的地。

俗话说"同行是冤家",身处同一行业的竞争对手麦当劳和汉堡王,为凸显优势博人眼球而进行的"互撕",是怼式广告中的经典案例。这种广告杀伤力极强,同时又有恶意竞争之嫌,稍有不慎便会导致全盘皆输。但作为营销界的经典案例,麦当劳和汉堡王在广告中对尺度的把控刚刚好,在宣传双方卖点的同时,又给消费者制造出一种认知冲突,兼具看点和卖点。

(4)认知冲突

按照心理学上的定义,认知冲突就是个体意识到个人认知结构与环境不一致或是个人认知结构内部不同成分之间不一致所形成的状态。由于信息不对称和认知环境不同,我们常常会对一件事情的认识出现偏差,而通过认知偏差制造的营销事件往往能够成功地博人眼球。

例如,2015年11月,长安福特首款C级车金牛座正式上市之初,发生了一段小小的插曲:金牛座在价格单位上本应该写上"元"字,却被打成了"万"字,一辆标价20多万元的车瞬间飙升至上亿元。很明显,这是一个乌龙事件。但就是这个小小的插曲,却产生了从失误转化成营销的戏剧性舆论导向，使一辆再普通不过的即将上市的新车因为一个错字登上头条，秒杀了众多明星八卦新闻。长安福特金牛座的上市营销就是利用了认知冲突，使消费者产生逻辑上的不一致进而关注该款车。

制造认知冲突是一种常见的营销手段，通过让产品与周围环境进行相互作用，充分调动消费者的好奇心，促使其产生认知冲突，进而实现对品牌的关注。长安福特在挑起消费者认知冲突的同时，还对金钱这个敏感点进行了强关联，因而打造了一场爆款营销。

在当下社会，有很多人认为家庭主妇的工作不值一提，在外打拼的男人的工作才是支撑家庭的重心，在男权主义至上的日本更是如此。为了让广大的日本男同胞意识到家庭主妇的辛苦，日本的一个节目邀请了一些"爸爸"亲身体验当孕妇是怎样的感觉，这些"爸爸"的身份还很特殊，他们都是日本的市长。节目组给每位市长特别定制了一套超级重的孕妇装甲，让他们背在身上，模拟孕妇在怀孕后增大的肚子以及随之而来的重量增加导致的行动不便，然后让每位市长去尝试进行超市购物、搭乘公共交通等日常活动。"爸爸"体验之后，将会感受到作为家庭主妇的不易。

日本的这档电视节目充分利用了观众认知冲突的心理,让衣着光鲜的市长以孕妇的身份进行工作和生活,这违背了常理和观众的一贯认知,从而增加了节目的曝光度以及收视率。这个案例又一次印证了,通过制造认知冲突往往可以打造一些容易让人记住的营销爆点。

冲突产生的本质就是由于信息的不对等而引发争议。而一旦有争议的事情出现,就会有很多人从不同的角度进行分析并论证自己的观点,使之极有可能成为一个热点话题,从而促使话题进一步曝光。我们可以通过制造比赛、语言和肢体冲突、认知冲突等来制造有爆点的营销事件。

2. 对比

对比是一种比较常用的写作手法,在文学创作中,可以利用对比的手法,将两个对立的事物放在一起比较,进而达到充分显示事物矛盾、突出被表现事物的本质特征以增强文章感染力的目的。在营销中,我们把差异化和矛盾化的事物放到一起,从而直观地突出事物的特征和个性。

（1）别人家的

中国有句俗话："外来的和尚会念经。"受根深蒂固的传统观念影响，我们常常会把别人家光彩和优异的事情与自己的窘境进行对比。比如，不同公司年终奖的比较就是一个颇具争议的话题，牵动着无数一年到头辛苦工作的员工的神经。

动画脱口秀节目《飞碟说》的第一季第八课，就从年终奖的话题切入，讨论了历史上的年终奖以什么样的形式发放、折合到现在价值多少等有趣的问题。然后，节目里还纵向讨论了当今年终奖发放的情况，什么行业发放的年终奖最多，什么行业发的最少，以及各个行业龙头企业间年终奖的比较（例如，腾讯会发放4~8个月的工资作为年终奖）等内容。最后，节目结尾用一首歌的形式展现了无数工薪阶层的心酸——无论发多少年终奖，都感觉钱不够花。

一旦涉及薪资状况，话题就变得尤为敏感。每个人在心里都渴求得到更多的薪资，所以当这个话题被摆到桌面上的时候就格外具有吸引力，谁都想看看自己的薪资究竟处于什么水平。这则动画节目视频就是利用了受众这样的心理，获得了巨大的观看流量。

当我们对广告里冲浪的小孩儿满眼艳羡时，会发现我们身边通常也有这样的孩子，他们成绩出众、多才多艺、听话乖巧，虽然不是都会冲浪，但也像传奇人物，我们通常称他们为"别人家的孩子"，江苏卫视《最强大脑》节目就针对"别人家的孩子"制作了宣传片。

宣传片依次介绍了几位"别人家的孩子"：他们的高考成绩都在600分以上，或者加入了高智商协会，或者就读于名牌大学少年班。在询问这些学霸在课外有什么娱乐活动时，大多数也是回答做题或者参加俱乐部活动。在宣传片的结尾，询问这些学霸为什么来参加《最强大脑》，甚至有人答道：因为有题可以做。

中国的很多家长都望子成龙，于是在孩子很小的时候就要求他们学习不能落后于人，并且经常拿自家的孩子和别人家的孩子做对比，这几乎成了大部分中国人的共同成长经历，所以当《最强大脑》节目把这些"别人家的孩子"齐聚一堂进行PK时，自然会吸引大量受众的目光。

与"别人家的"进行对比的社会现象,从根本上说,是基于人们相互攀比和炫耀的心理。而出现的极其优秀的代表,让我们备感惊奇,自然能获得社会的关注和围观,以至于人们会好奇别人家的生活是什么样子。所以,别人家的年终奖、别人家的孩子……总能引发社会的讨论。

(2)逆袭

什么样的人物刻画最接近底层人物的众生相?什么样的人物经历会让我们羡慕乃至忌妒?作为普通人,我们通过什么样的方式来改变自己的身份和地位?答案是:逆袭!

卡夫食品的纪录宣传片中的美国流浪汉,就是典型的屌丝逆袭的代表。在视频中,泰德·威廉斯,一位衣衫褴褛的老头,曾经是美国红极一时的播音演员,被称为"金嗓子泰德"。然而,因为在事业巅峰期滥用毒品、酗酒,他失去了体面的工作,最后流浪街头。在一次偶然的机会下,一名记者驾车经过街头看见了他,录制了一段关于他的视频,并放到网络上,没想到这段视频就这样火了,随之泰德也火了。

卡夫食品从20世纪70年代开始以儿童为目标受众做广告，但随着这些"儿童"成长起来，他们对卡夫食品已经越来越没有感觉，于是卡夫食品期望能重新燃起中年人对其的热爱，但收效甚微。这时候他们无意间在网上看到了泰德的视频，当即认为这是一个绝佳的机会——泰德可谓是中年一代的共同回忆。卡夫食品立刻联系了泰德，并公开宣布要给泰德一份体面的工作：为卡夫广告配音。

这一做法最终获得了极大的成功，泰德由于本身励志向上的故事和名人效应，不断接受美国各大电视台的采访，当然在访谈中也会提到他为卡夫食品配音的工作，这为卡夫品牌赢得了极大的品牌曝光量。

（3）反差

如何判断一个人是否进步了呢？最直观的方法是，拿这个人以前和现在的情况进行对比。这种对比反差的直观展现，运用在营销上常常会获得绝佳的传播效果。著名健康早餐食品品牌Fiber One用有趣的广告形式给观众做了一个"科学"的解释。如果男人怀孕了，会是怎样啼笑皆非的情景呢？以及男人为什么会怀孕呢？

健康早餐食品品牌 Fiber One 的广告画面

在广告的开始，出现一个大腹便便的男子，妻子帮他打理一切生活，随着画面逐渐推移，他的情绪变得十分感性，他在妻子的看护下做一些轻柔的运动，在公交车上甚至老太太也会给他让座……看来他可能是怀孕了。然而，故事并没有那么简单，男人在机场去了一趟洗手间以后，肚子居然瘪了下来。最后出现在画面上的产品居然是 Fiber One 的早餐食品。原来那个男子没有怀孕，他只是变胖了而已。

这则广告之所以这么有趣，就是因为将生活中不可能发生在男人身上的事情——怀孕——和男人关联到了一起。所以观看的时候，观众便会一直带着疑问看下去。随着谜底揭开,产品自然也深入人心了。

国外一则公益广告同样将反差效果运用到了极致。该广告邀请了模特拍摄性感大片,但提词板上的台词却讲述了一个悲伤的故事,并且导演要求模特依然用十分性感的语气和神态去描述出来,无论原来在镜头前如何自如的模特当时也无法自然地说出这些台词。台词有:"2012年,有660万名5岁以下的儿童死亡。""每天有将近800位母亲和1.8万名儿童死亡。"……原因在故事结尾揭晓:公益广告不像时尚大片一样充满性感和有趣的元素,但它也十分重要,值得每一位观众仔细观看。

这则广告充满反差,用美丽的模特揭露丑恶战争中的伤害,用性感的口吻去宣读公益广告残酷的台词,甚至导演的胸有成竹与模特的手足无措,都是为了吸引受众注意力而设置的情节。正是因为这些反差,当故事结尾揭露真相的时候,观众才会恍然大悟,牢牢记住这则公益广告。

(4)跨界合作

现实生活中,我们可以想到很多相互关联的物品,比如牙刷和牙膏、鞋子和鞋垫，但谁会想到电影中的人物会和一瓶水互动呢？2013年，依云矿泉水曾拍摄了一则创意广告《Baby and Me》(《宝贝和我》)，利用CG（计算机动画）技术，打造出一场极具视觉反差的街舞秀。后来依云还推出了该广告的续篇，以备受关注的超级英雄蜘蛛侠作为广告主角，继续传递出"live young"（活出年轻）的理念。

在这则广告中，成年蜘蛛侠在飞檐走壁耍帅扮酷时，意外发现远处的镜子里竟有一个儿童版的自己。于是两个蜘蛛侠展开了一场精彩十足的比拼，各种高难度的酷炫动作轮番上演，令人大呼过瘾，最终竞赛结束于新的战斗。

依云矿泉水广告画面

超级话题

广告中，儿童版蜘蛛侠的动作萌态十足，令人忍俊不禁的同时心生疼爱，极大强化了广告内容的吸引力。其实利用热门电影来增加品牌曝光度和影响力早不是什么新鲜事，新西兰航空联合《霍比特人》推出的主题短片《中土世界　近在咫尺》、雪佛兰汽车与电影《美国队长2》一起打造的科幻超人广告等，都是利用影片的粉丝效应带动品牌的传播。依云这则广告除了采用蜘蛛侠这个创意，更结合了第一则广告中小孩跳舞这一萌感元素，令整则广告显得更好玩、更有趣。

比利时的失踪与受虐儿童中心发起的名为"希望的硬币"（Coins of Hope）的公益活动，为我们诠释了跨界合作在公益行动中的力量。

这次公益活动促成了一次壮举：以往只出现在广告牌、404页面、牛奶包装盒上的失踪孩童信息，被铸在了100万枚2欧元的硬币上，由位于比利时首都布鲁塞尔的皇家造币厂发行，并通过比利时的连锁超市Lidl流入市场。这些货币可以正常使用，不仅在比利时，在其他欧盟成员国也可以用它来购物、消费。

比利时皇家造币厂发行的"希望的硬币"

结合公益和货币进行跨界营销，这无疑是一个成功的案例。对欧元区的居民来说，100万枚硬币还不足以人手一枚，因此机构还创作了大量的印刷、广播和网络视频广告，最终的目的仍然是让更多人可以拨打失踪与受虐儿童中心的热线电话，提供失踪与受虐儿童的线索。通过与货币系统的合作，这个公益活动获得了更高的关注度，引导更多人关注失踪与受虐儿童，这就是跨界合作的力量。

跨界营销的形式多种多样，但内裤与汽车的跨界搭配，也是脑洞大开的典范了。

欧宝汽车曾拍摄过一则视频广告，该视频广告一本正经地告诉受众,有数据显示,如果男性穿着不舒服的内裤,那么其睾丸素就会减少,而睾丸素关乎男子气概、自信问题。这些因素会影响男子选购运动车型的决定,所以欧宝汽车为了旗下的汽车,特意研发了一款限量版男士内裤。这款内裤有助于增加男士睾丸素,为男人裆部提供更好更舒适的环境。有了这款内裤,男人就会更有信心来驾驶欧宝汽车。

汽车与内裤的这种意想不到的跨界合作,产生了一种幽默、荒诞的喜剧效果,从而吸引受众注意,达到促进销售的目的。

(5)排名

和关联维度中的成绩一样,排名也总是能引起人们的特别关注。在生活中,我们常常看到各种各样的排名,比如一个班级里的成绩排名,市场上的产品质量、销量排名,各种形式的城市排名,《福布斯》富豪榜排名,乃至国家实力排名,等等。这些排名一旦公布,总是能够引起吃瓜群众的热烈讨论乃至争议性辩论。

2015年,我们为宜信普惠策划了一个关于排名的超级话题——中国城市居民肯借钱排行榜。

"最义气"：成都、沈阳、杭州

通过城市的交叉数据对比所得的结果，成都、沈阳、杭州三座城市看情分借钱的比例最高，均为32%，并列"最义气"城市第一名。另外，沈阳人选择"碍于面子，没好意思约定周期"的比例上达到52.6%，在12个城市中最高，成为"最爱面子"的城市。东北人都是活雷锋，这话真不假。

2015年中国城市居民肯借钱排行榜

在这份排名报告中，我们把中国居民最肯借钱的城市和不肯借钱的城市做了一个调查和对比。在借钱金额为1万元以下的肯借钱的居民城市中，昆明、武汉、郑州排名前三。在借钱金额为1万元以上的肯借钱的居民城市中，成都、上海、南京排名前三。此外，我们还设计了一些有趣的附加排名，比如最爱打借条的城市，南京市民是非常愿意打借条的，他们一定要打借条才肯借钱。

这份肯借钱排行榜在当时引起了极大的关注，尤其是榜单中出现的城市，对于这个话题的反馈非常强烈。

而对排行榜的冠名商宜信普惠来说，巨量的关注也为其带来了极高的品牌曝光度。

因此，如果能够在营销过程中加入排名的元素，一般都会有良好的话题讨论度，会带来更多的流量和曝光机会。

（6）神逻辑

当我们遇到棘手又不好回答，甚至不能回答的问题时怎么办？用自己的神逻辑去打败它们吧！我们来看一下神逻辑在广告营销中的应用。

韩国车企起亚在被誉为美国春晚的"超级碗"（美国职业橄榄球大联盟年度冠军赛）电视直播上投放广告，广告画面一开始是孩子们和爸爸妈妈一家四口坐在车里，儿子问爸爸：宝宝到底是从哪里来的？爸爸说，在遥远的地方有一个星球叫Babylandia，那里有各种类型的宝宝，只要时间对了，宝宝就会出发去往自己的星球，寻找9个月之后，就能找到自己的爸爸妈妈。但是孩子却说，听同学说，是爸爸妈妈……还未等儿子说完，爸爸就通过语音命令汽车开始播放歌曲。

这则广告是为了突出起亚索兰托汽车的语音识别性

能这个卖点。每个孩子都会问父母，自己从哪里来，每对父母也会为这个问题头痛不已，广告片中父亲即使展开神逻辑编了一个有趣的故事，还是出现了差点被孩子识破的尴尬，幸好语音识别系统来救场。父亲的神逻辑是这则广告的亮点，所讲述的故事想象通过 CG 技术向观众展现，使之从众多平淡无奇的广告片中脱颖而出，吸引了观众的目光。

（7）向下"微服私访"

看惯了娱乐圈光鲜亮丽、出入有豪车接送的明星演员，再看现今中年发福落魄的窦唯，就会发现明星不都是风光无限的，想当年在"70 后"的心目中，窦唯可是国内摇滚乐迷顶礼膜拜的人物。

前几年，知名摇滚歌手窦唯在坐地铁时被网友偷拍，他的一张照片在网上疯传，照片中的他身材发福走样，胡子拉碴，发际线后移到头顶位置……就是一副普通到不能再普通的中年大叔模样。

很快，"王菲前夫窦唯颓废照曝光"之类的新闻开始冒出来，但同时也涌现了很多正能量的声音："中年沉静，过着自己想要的生活，仰不愧于天，俯不怍于人，我觉得他比大多数人更成功。"在这个看脸的年代，发福谢顶的窦唯成了特例，相较于外形，他的才华更被网友所看重，其最近的动态也被起底——尤其是他的画作，引来一片叫好声。窦唯本人则颇为高冷地对"地铁照"做出回应："清浊自甚，神灵明鉴。"

这则新闻之所以能引起无数网友的热烈讨论，就是因为一向以光鲜亮丽示人的明星如今身材走样，不符合主流审美，前后的反差令人唏嘘。

窦唯坐地铁出行就能迅速占据头条，那影帝加身的黄渤改行送外卖的事件又能引起怎样的轰动呢？在综艺节目中，黄渤为了完成任务扮演一名外卖小哥。送餐路上，他发现虽然时间已是深夜，但是仍有很多外卖小哥和代驾在路上行驶着、等待着，为了生计而奔波，于是黄渤心生感慨，并在到达送餐地点后，与作为手机销售员的顾客进行了短暂的交流。

黄渤送外卖，就是栏目组通过制造明星体验劳动人民辛苦的环节，形成戏剧冲突，从而提高受众的观看兴趣和收视率的有效方法。

明星偶像在当代娱乐工业的打造下越发高不可攀，

所以当明星出现在市民日常生活中时，便格外具有吸引力，这就是这档综艺节目的爆点所在。

"对比"这个维度属性，因为具有很多差异化和矛盾的特点，从而可以直观地突出事物的特征和个性。采用比如别人家的、逆袭、反差、跨界合作、排名、神逻辑等一系列属性作为营销角度，能极大激发人们的关注和对自身的反思，在传播过程中，常常能引发话题，给品牌带来更多的曝光机会。

3. 惊喜

面对互联网信息轰炸，消费者越来越习惯广告突然出现。反之，消费者在网络上待的时间越长，他们接触的广告越多，就越会对网络广告以及突然出现的广告产生厌倦。所以，我们需要用别开生面的广告方式来捕捉消费者有限的注意力——让广告制造惊喜！

一个好的品牌会给人带来惊喜和快乐，会带来一些意想不到的事物，却不会让人觉得突兀。能让消费者记忆深刻的，就是那些以出其不意的方式，或是有悖于人们认知的方式出现的广告。

(1) 神秘悬疑

好奇是人类的天性，所以在广告中制造一个谜面，制造一个消费者"不知道是什么鬼"的东西，会更让人有窥探欲。

著名烹调品牌"美极"利用中元节（又称"鬼节"）制造了一场悬念式营销，其思路就是抓住用户的好奇心，并在用户参与活动的过程中恰到好处地抛出答案。

广告利用了受众的猎奇心理，在此基础上添加了恐怖悬疑的元素，使得整部广告片充满了神秘色彩。同时，品牌联合热门游戏《口袋妖怪》进行拍摄，通过在深夜伪造悬疑小摊，触动大家想上前去一探究竟的心理。其中不乏胆大的人专门驱车前往，体验捕捉口袋妖怪里的宠物。视频引发广大网友和游戏迷自发参与和分享。

这则广告充分抓住了用户的好奇心，并在用户的好奇心膨胀到最大的时候抛出答案。通过制造神秘悬疑，不仅可以降低企业的营销费用，并且就单个传播受众来说，其影响效果也较为深入。

除了制造意想不到的情节，悬疑式广告在走情感路线时，也能收到非常好的营销效果。

在中元节当天，台湾全联福利中心推出了第一则看不见主角的悬疑广告：由主持人对着空气描述画面，但是画面上并没有主角，和我们平常见到的视频广告形成鲜明对比。这则广告在网络平台发布后引起网友的好奇和猜测，网友们纷纷表示："原来看不见的才是最恐怖的。"正是由于其神秘悬疑的展现形式引发了广大网友的好奇，所以这则广告在正式上线后收获了420余万的播放量，从众多广告中脱颖而出，全联福利中心官方网站的浏览人数三天达到70余万。

悬念式营销的另一种玩法，则是借助敏感话题引爆关注，使品牌传播效应最大化。

2013年，新浪娱乐官方微博发布了一段高圆圆的私密视频。该视频疑似是由一位神秘男子持手机拍摄的，视频中的高圆圆只穿了一件男士白衬衫，露出修长的美腿，高圆圆一边娇嗔地说"别拍了"，一边在掌心揉搓剃须泡沫，男子则将剃须泡沫抹在她的鼻尖上，随后高圆圆与男子相互追逐、嬉笑打闹。

这段时长不足一分钟的视频反响强烈，引发大家的热烈讨论。几天后，吉列官方回应"高圆圆湿剃门视频"，原来这是一则吉列剃须膏的广告，"湿剃门"的谜底才得以解开。

该广告片借助公众人物高圆圆的影响力，制造敏感悬疑话题，在网络上引发热议，并在舆论达到高潮时向观众抛出谜底。从广告传播数据来看，效果极其理想。吉列的这场广告营销活动不仅充分考虑到了用户的好奇心，对舆论的发展方向把控得也刚刚好，是一次非常成功的悬疑营销。

简单来说，神秘悬疑式的广告，需要从设疑到推疑再到解疑的过程，关键是提炼一两个核心卖点，根据进度慢慢抖包袱，未谋其面，先闻其声。

（2）神反应

神反应代表了一种出乎意料的惊喜，一般的神反应广告会运用趣味的形式、愉悦的沟通点，有效激发联想与记忆，进而吸引人们的特别注意。神反应广告有助于增强说服力，通过含蓄的表达避免引起消费者的反感，并以其独特的魅力越来越多地被各种广告创作采用，成为现代广告领域中常见的形式。

例如，当中国传统小吃遇上蓝眼睛白皮肤的外国友人，会产生怎样的神反应呢？一档风靡国内各大视频平台的短视频节目《毒角show》，就做了一次新颖大胆的尝试。节目中戴独角兽头套的人自称"角角"，他的短视频中最有特点的部分就是让外国人品尝各种中国特色小吃。在以老北京传统小吃为主题的一期节目中，引起外国人最大反应的是豆汁儿。初闻豆汁的味道时，外国人纷纷表示："我绝对不可能喝这个。"

角角随即变换套路，抬高豆汁儿的地位，在告诉外国人这是皇家贵族的专供饮品后，他们立刻产生了兴趣，乐于尝试。

受到饮食文化差异的影响，外国人在品尝中国传统美食的时候往往会产生神反应，喜爱的赞不绝口，排斥的则难以下咽。该节目的主要受众是中国观众，当他们看到自己习以为常的美食在异国他乡被外国人品尝时，会产生猎奇心理，进而产生观看的欲望。因为整个节目的调性也带有调侃意味，这种轻松愉悦的基调十分容易让观众产生依赖。由此可见，因为跨文化传播而产生的趣味惊喜，的确是营销中的一个不可忽视的因素。

除了可以制造幽默的喜剧效果，神反应其实也可以很温情。汽车品牌菲亚特在母亲节的广告营销，就温暖了一众为人子女的消费者的心。

广告的内容如下。在母亲节这一天，菲亚特汽车把自家的车加入约车平台，在乘客上车时，司机会问乘客上次给妈妈打电话是什么时候。接着司机会说："我们会为你免费提供这次行程，但有个条件：你必须给妈妈打一个电话，电话打多久，我们就免费多久，如果你的电话挂断了，我们就只好把你撂下。"结果所有人都在想尽办法和妈妈聊天。

在这则广告里，菲亚特通过在母亲节推出给妈妈打多久电话就可以坐相应免费时长的车这样一个活动，与消费者建立情感共鸣。每个人都很爱自己的母亲，但平时却很少和母亲好好沟通，广告中甚至出现了问母亲"现在几点了"这样滑稽的场面。广告中，在和母亲聊天的最后，打动人心的一幕出现了——所有乘客都不约而同地说出"妈妈，我爱你"。

这个活动增强了菲亚特汽车在消费者脑海中的印象以及消费者对该品牌的喜爱，最终提升了消费者对菲亚特品牌形象的认同感。在节日里打情感牌，消费者都深受感动，这则广告的目的也就达到了。

BBC也曾经深入中国，探究中国新年的传统习俗，在拍摄纪录片的过程中，由于中英两国的文化差异而产生了一系列啼笑皆非的神反应。

BBC拍了一部三集的纪录片——《中国新年》(*Chinese New Year*)，介绍中国人过春节的风俗习惯。片中，两位英国老大爷在街上买了几包中国零食，有鱿鱼丝、凤爪以及辣条，其中让他们反应最强烈的莫过于辣条了。因为中国和英国的饮食文化迥然不同，所以纪录片的主人公对于这种中国式美食频频发出不可思议的赞叹。

不仅仅是饮食习惯，纪录片中还有关于中国春运交通、春节风俗习惯等情节的介绍，这些情节的体验都让这两位英国老大爷惊叹不已。

在这部纪录片中，中英两国文化差异所带来的惊喜为其增添了不一样的色彩。不论是关于辣条这种最受中国25岁以下年轻人欢迎的小吃的讨论，还是对凤爪味道的感叹，由于文化差异而带来的神反应在吸引观众目光方面发挥了不可替代的作用。

消费者都是感性的，所以广告一定要能引起消费者的情绪共鸣。神反应作为情绪表达的有效形式，不仅可以增强消费者对广告的代入感，也可以通过在广告中的恰当运用，带给消费者有趣、欢愉的体验，从而增强品牌的辨识度，赢得消费者的好感。

（3）刻意安排的意外

不得不说很多人都喜欢意外。喜欢变化和意外是人的天性，而完全可以预料的信息会让人觉得乏味。所以广告需要讲故事，讲一个意外的故事。广告可以把内容编排得像欧·亨利的小说一样，到大结局揭开真相的瞬间，让人惊呼意料之外，却又感叹在情理之中。在当今广告界，"意料之外的广告"备受推崇。

大概从每年的11月中旬开始，国外各大百货公司纷纷打响圣诞前哨战，玛莎百货也借此契机用意外结局的表现方式给消费者呈现了一场"超真实"的表演。

玛莎百货在英国纽卡斯尔制造了一次快闪，并通过视频进行传播。视频画面一开始呈现的是一个人潮涌动的超级市场，它看上去和普通的超级市场并没有什么不同：老太太安详地购物，小孩子在追逐打闹，父母们则在一旁精心挑选晚上的食材。然而，从几个店员的眼神中我们可以看出今晚并不普通。果不其然，一位店员忽然哼起了歌，其余的店员也马上跟上节奏哼唱，渐渐地，声音此起彼伏，高声部低声部一同吟唱。有些歌单独听并没什么感受，但多人一起唱就莫名感人了。音乐旋律转换，熟悉的圣诞歌响起——原来今天是圣诞夜。故事的结尾大家欢聚一堂，一同舞蹈来庆祝圣诞。

英国玛莎百货的快闪视频广告画面

商家刻意安排了一场意外快闪来制造超级市场的圣诞氛围，用一场别开生面的哼歌行动，打破循规蹈矩的一天。广告既庆祝了圣诞夜，也为企业塑造了温暖有活力的形象。这种出乎意料的广告活动也有利于在自媒体中进行二次发酵，形成广泛传播。

哈根达斯关于"中秋节愿望"的反转短片，则在制造意外的同时向消费者传达了满满的温情。

哈根达斯通过网站在线征集网友们的中秋节愿望，然后从里面挑选一位用户，帮他实现愿望。被选中的是一名叫奕嘉的先生，他许的愿望是"今年中秋节希望不要那么忙，大家大团圆"。

于是哈根达斯方联系到了奕嘉的母亲，向她说明情况，想要这位母亲配合他们，给她的儿子一个惊喜。具体做法是，在活动当天让这位母亲假装成哈根达斯店员，亲手把礼物送到儿子手中。儿子惊喜地问道："你怎么在这里？"母亲笑着说："我今天是哈根达斯的一日店员。"然后两人相拥，喜极而泣。

然而短片并没有结束，接下来才是真正的重磅催泪弹。儿子突然对母亲说道："我也给你准备了一个礼物，你肯定想要的礼物。"画面切到店外，她远在美国的小儿子竟然在这个中秋节通过哈根达斯的帮助回国了，一家人真正实现了大团圆。母亲被两个儿子幸福地围着，哭着说:"现在是我被整了吗?"

广告运用了惊喜维度,通过制造一系列惊喜,讲述了一个感动人心并且能够引起受众共鸣的故事。借助这个惊喜的故事传递出哈根达斯作为一家冰激凌企业,有温度、有温暖的品牌形象。

只要敢于打破常规、制造意外,广告就容易引发受众的好奇,自然就能够吸引受众的关注。因为从心理学的角度来讲,人都是好奇的动物,天生就会关注新奇的事情,所以越是"意外"的事情,就越能引起人们的好奇和关注。

(4)恶搞

消费者或许会拒绝接收专业的信息,却永远不会拒绝娱乐的机会。当频频引起关注的"恶搞"成为一种吸引注意力的方式时,它所带来的营销力也随之产生。将消费者喜欢并习惯使用的方式,作为品牌传播推广的通路并恰到好处地进行表述,其效果显然比动辄花费数百万元且一本正经地在电视上对消费者进行强硬灌输要好得多。

事实上,利用"恶搞"进行品牌传播和营销推广早有先例。这其中，NBA（美国职业篮球联赛）球星欧文与百事可乐合作的"恶搞"广告片堪称经典。

2012年NBA球星凯里·欧文与百事可乐合作拍摄了一个广告短片。短片的内容是这样的：在洛杉矶的野球场上，一位白胡子大叔在场边看球，并决定亲自上阵与年轻人施展一番拳脚，但在一开始他跑不动也跳不起来，运球被抄还投不进球，在全场人都嘲笑他的时候，他忽然觉醒，然后用自己炫酷的实力秒杀众人，引得阵阵惊讶声和欢呼声。短片最后放出欧文化妆的镜头，原来白胡子大叔是他变身而成的。

短片通过由职业篮球运动员欧文扮演的白胡子大叔炫球技，在宣传品牌的同时给观众带来了惊喜感。该广告短片情节不无夸张和恶搞，但又在夸张和恶搞中透露着品牌的张力，使人们在记住白胡子大叔炫酷球技的同时，也会回忆起短片中百事可乐的logo（商标），达成了病毒营销传播的效果。

在通常情况下，广告综合运用两种以上的创意方式——比如"恶搞+恐怖"，效果会更佳。

在清晨的大街上，突然出现一辆自动行驶的婴儿车，不明真相的吃瓜群众上前一看，里面竟然是一个恐怖婴儿！这个婴儿一言不合还会喷射不明液体，发出恐怖的尖叫声。

其实，这是一家营销公司为了当时即将上映的恐怖电影做的宣传视频。在该视频的魔性宣传下，电影票房在上映首周就达到了 800 万美元！视频在 YouTube 上的播放量也超过了 5 300 万次。

该广告由一家脑洞大开的病毒营销公司——Thinkmodo 制作。广告运用了无厘头恶搞的表现手法，把宣传点集中在产品的某个细部特征，使用行走的恐怖婴儿车元素，突出产品特色和品牌内涵，并以此促进产品的销售。在恶搞路人的同时，又让人不得不记住恐怖的街头婴儿车和婴儿，转而对影片产生浓厚的兴趣。

事实上，对大多数受众而言，"恶搞"往往是一种无厘头式的平民化运动，具有一种反传统或颠覆现实的讽刺意味，因此，"恶搞"成为吸引大量眼球的手段和方式。站在营销上的角度看，这种吸引注意力的方式非常有效，因为只有在"恶搞"的轻松愉快氛围中，受众才能在享受快乐的同时，不自觉地接收品牌信息。

（5）大反转

当广告数量越来越多，受众的注意力越来越有限的时候，就需要用创意和转折来刺激受众的大脑，使他们对品牌留下深刻印象，比如剧情的反转。只有出乎意料的广告，才更容易被人记住。

在大反转情节的运用上，泰国广告从没让人失望过。经典的泰国大都会人寿保险广告，在神反转的剧情中，又给毫不设防的消费者一记催泪弹。

该广告片以小女孩的视角，讲述自己的爸爸是世界上最好的爸爸，辅以父女相处时种种欢乐和谐的场景，将观众带入一片温馨的氛围当中。然而，小女孩说了一句"但是……他撒谎"，使剧情走向骤然一变，大反转出现了——"他撒谎说自己有工作，他撒谎说自己有钱，他撒谎说自己不饿，他撒谎说我们什么都有，他撒谎说他很幸福，他撒谎……是因为我"。

原来，父亲为了让女儿能够对生活充满热爱，努力为女儿创造温馨的环境，他做过擦窗清洁工、传单派发员、搬运工，他打多份工，困窘而落魄，却在送女儿去学校的时候扮演西装革履的父亲，意气飞扬。每一幕场景都与前面女儿夸赞父亲的场景相呼应,突出了父亲的伟大。

泰国大都会人寿保险的这个广告片以亲情为切入点,以女孩天真单纯的声音推进故事情节发展,并以大反转的手法,给用户一记催泪弹,同时将"为孩子未来值得付出所有"的隐形广告诉求植入其中,真实自然,成功引发用户的情感共鸣。

在煽情温暖的情调中使用反转,可以放大用户的情感共鸣,直击痛点;在诙谐幽默的氛围中使用反转,则可以达到令人捧腹的效果。我们可以将大反转理解为一针强心剂,能够增强用户的体验效果,从而将产品和品牌植入用户的心智。

日本一则化妆品的大反转视频广告,乍一看是个画风清新的偶像剧,实际上却充满了魔性的脑洞和转折。

画面一开始,是一对看起来像是在闹矛盾的高中生情侣走在天桥上,男生在生女生的气,女生追上去,男生一脸不耐烦地对女生说:"我不是说过很多次,叫你不要来学校等我下课。"女生一边摇晃男生的手,一边问道:"为什么呢?明明以前这么爱黏着我的,明明以前说最爱我的。"男生不耐烦地看着她，无奈之下说："妈，我已经不是小孩子了，妈妈你也不再是高中生了，不要穿高中的制服来啊。"男孩的妈妈转为笑脸，说："好啦好啦，对不起啦。"视频一转就是少女脸妈妈的脸部特写，然后产品介绍随之导出："AST 活颜抗皱 BB 霜，猜不到年龄，看得到嫩透。"

这是日本美容化妆品牌高丝针对 30~50 岁、害怕衰老的中年女性创作的一个神反转广告片，是披着青春偶像片外衣的理性诉求广告。通过广告视频中女主角真实年龄的反转，突出其产品的强大抗衰老功能。整个画面都以粉色为基调，无不透露出一种青春活泼的调性，用让观众信以为真的青春偶像剧开头，却在后面男生喊出"妈"的时候让人大跌眼镜，一个是中学情侣吵架，一个是母亲接孩子放学，两件极为平常的事情拼接在同样的两个人身上，收到了让人意想不到的结果。

生活需要乐趣，而各式各样的充满创意的广告就是能给人带来乐趣的事物。创意是一个很概念化的东西，但当用确切的执行力将其物化之后，往往能给消费者带来不少惊喜，从而达到良好的品牌宣传效果。

第四章 趣味：世界人民通用的100+趣味法则

除了冲突、对比、惊喜三种趣味表现方式之外，我们还总结出了社会实验、类比展现、负能（丧）、新展现形式、惊艳有才、冷知识、拍摄手法等趣味法则，但囿于篇幅，我们对关于趣味的案例详解仅做部分展示，相信有心从事营销的读者可以触类旁通，举一反三。

冲突	对比
制造对赌和比赛（拳王骂战）、语言和肢体冲突（40万元紫貂）、调戏竞争对手、认知冲突（错别字）	别人家的、逆袭、反差、跨界合作、排名（比赛结果、排行榜、吉尼斯、史上最……）、神逻辑（假如）、向下"微服私访"

惊喜	社会实验	类比展现
神秘悬疑、神反应、刻意安排的意外、恶搞、大反转	运动能力、美术能力、音乐和舞蹈	类比、拟人化、拟物化

负能（丧）	新展现形式
抱怨、吐槽和做不到、倒霉、分手、死亡	虚拟现实/增强现实、动画和特效展示（乐高）、行为艺术、黑科技、慢镜头回放、无人机成像、线下互动装置直播

趣味性思维导图

以上这些，便是我们团队在分析了近10年以来社交媒体上的大部分刷屏案例后所归纳总结出的关于超级话题的趣味分类，堪称一个"趣味纲目"，是耗费大量人力精力整编出来的趣味法则，在训练内部团队人员的网感之余，也希望能给所有营销人在创意思考时大开脑

超级话题

洞提供一臂之力。

　　毕竟，无论是以前、现在，还是未来即将刷屏的超级话题，其所涉及的趣味一定跳不出这个趣味法则——因为，这是世界人民通用的 100+ 趣味法则。

第五章

传播：让传播再飞一会儿

有效的品牌传播需要有效的传播策略，一个好的传播策略，不仅可以帮助企业的品牌传播聚焦资源，找到目标受众，投其所好地进行精准投放，还可以在出现问题的时候及时调整，使品牌传播的大方向不发生偏移。

打造现象级传播不能靠运气，而是在一套客观、系统的传播策略支撑下的必然结果。一次现象级传播事件的产生，必然是精心调研、全面策划、脚踏实地地执行等各方面因素优势互补、同向合力的结果。

一、为什么大部分企业的传播只能自嗨

我们常说"王婆卖瓜，自卖自夸"，其实说的就是自嗨。这样的问题存在于80%的企业的广告传播中，一些企业只一味考虑自己的宣传需求，完全不顾及受众甚至潜在客户的感受，最后这样的传播不仅没有起到积极作用，反而遭遇抵制，降低了品牌的好感度，帮了个倒忙，自然也很难形成良性的传播。其中自嗨的主要表现有以下两点。

第一，有负面报道让媒体把它删一下。

第二，有个新产品让媒体来报道一下。

当下是一个信息大爆炸的时代，每天我们的眼睛不断被手机屏幕、电视屏幕、路上的液晶广告屏幕等各种"屏"刷新，久而久之，我们的大脑也会自动过滤所有无聊、无用、无意义的信息。

在这样的时代背景下，企业的营销面临巨大挑战，任何微小的负面消息都可能通过各种社交媒介工具被无限放大、尽人皆知，让企业苦心经营的业绩化为乌有。

同时，因为信息的繁杂，企业强烈需要传达的信息，即便有巨额的营销预算，也不一定能收到满意的营销效果。因此，传播成为企业营销一个极其重要的组成部分。

那么问题来了，为什么大部分企业的传播只能自嗨？原因有以下两点。

第一，没有病毒性传播基因。

传播应该是一环扣一环的，但在具体的操作过程中，可能受限于多重因素，诸如对传播的定位理解不深，制作的传播物料不够有趣有料，又或者不懂得对传播各个环节的统筹把控，以至于链条断了，导致传播无法达到病毒性疯传的目的。

第二，缺乏合适的传播策略。

"好酒也怕巷子深"，没有好的传播策略，无论内容再怎么优秀，传播的效果也会大打折扣。

在传播领域，有一个经典的反面案例："酒鬼酒塑化剂"事件。

2012年11月19日，21世纪网发表了文章《致命危机：酒鬼酒塑化剂超标260%》，披露酒鬼酒"塑化剂超标"。

对于这个负面报道，酒鬼酒的反应是从否认到道歉而不认错，再到二次道歉和提出整改方案，但每一次回应非但没有平息舆论，反而激起新一波的舆论高潮。酒鬼酒的回应，更多地被媒体解读为"诡辩"和"无诚意"。最后的结果是，酒鬼酒的股价几度跌停，其品牌也丧失了市场和人心。

由此可见，传播环境的变幻莫测，使得对企业公关传播的要求越来越高。在消费者权益至上和互联网呈现"大众麦克风"特征的时代，企业如何学会新闻发布，学会与公众设身处地、推心置腹地沟通，是一个新课题。

二、新媒体传播方式大变迁

时空变化会带来社会变迁，新媒体的发展使时空关系得到了重构，在《水浒传》中，天速星神行太保戴宗精通道术，在腿上缚两个甲马，就能日行八百里，夜行一千里，故而人称"神行太保"，而当时信息的传播，也只能依靠这种速度的口口相传或者笔墨往来。相对于旧的传播方式，当下媒介方式已经发生了翻天覆地的变化。在新环境下，美国传播学者约书亚·梅罗维茨认为，媒体的变化通过改变社会情境的形式促使人们的行为发生变化。媒体打破地理界线，使不同阶层的受众在更大程度上分享信息。那么，媒体传播发生了哪些变化呢？在这里我们可以结合山东大学刘明洋教授的观点[①]，系统地解构一下。

1. 互联网"新媒体"与"旧媒体"的融合

2018年有一个消息震动了整个互联网圈。2018年8月21日，网易宣布将从11月30日零时开始停止博客运营，关闭服务器，届时用户将无法登录网站。从2006年9月1日推出至当时，网易博客已正式运营约12年。

从2010年开始，微博、微信、今日头条等新的互联网产品不断涌现，博客逐渐成为明日黄花。2014年7月，中国互联网络信息中心发布的第34次统计报告显示，博客使用率不断降低，开始转变为小众化应用。时至今日，新浪、搜狐等门户的博客推荐仍是以行业领域

[①] 刘明洋.解读移动传播的八个关键转变[J].青年记者，2015（6）：71-72.

的KOL（关键意见领袖）为主。

当然，我们并不是说"新媒体"已经取代"旧媒体"，"旧媒体"从此消失。实际上，两种不同的媒体形式依旧在信息大爆炸的时代，各自保持良好的发展态势。

正如麻省理工学院教授亨利·詹金斯在其著作《融合文化：新媒体和旧媒体的冲突地带》中所言，新媒体和旧媒体、草根媒体和公司化大媒体、媒体制作人和媒体消费者正在以一种前所未有、无法预测的方式进行碰撞、交织和融合。

在我看来，在这个各种媒体形式互相依靠又各自繁荣的时代，我们不应再沉沦于"纸媒已死""新媒体的发展壮大以传统媒体的消亡为代价"等消极而又缺乏理性的论调中，而是应该争取早点认清现实，怀抱融合媒体的思路，为自身的生存探寻新出路。

2. 从"大众传播"到"大V营销"

移动互联网时代，不管是文案术语、传播渠道、技术实现形式、受众到达还是效果生成方面，都发生了很

超级话题

大变化，尤其在数字化的背景下，传播方式已经从针对传统大众传播向"大V营销"方式转变。

一批网红、大V、草根大号、垂直小号、行业专家由此诞生，他们都拥有强大的粉丝力量，与粉丝互动较多。年轻人越来越乐意主动关注和相信他们（尤其是垂直领域的达人）。

当下，常见的大V营销方式有以下四种。

第一种，大V亲测、体验活动。比如，一年一度的苹果发布会落幕了，苹果手机的新机型备受关注，对于iPhone XS、iPhone XS Max以及iPhone XR三款不同配置的机型，它们上手的第一体验如何？专做3C（计算机类、通信类和消费类电子产品）领域测评的大V——王自如，就带着ZEALER（科技视频平台）团队去美国圣何塞进行测评，并第一时间发回针对这三款机型的测评视频，解读苹果新机型的性能。这个就是典型的大V亲测、体验活动。类似这种大V营销，在电影宣发、汽车上市、美容产品发布等方方面面都有体现。

第二种，大V影响者参加重要活动。例如，苹果10周年发布会邀请微信大V参加；知乎盐Club（俱乐部）邀请知乎大 V 参加，并为其颁发奖项。这都是借助大 V 的力量而进行的营销。

第三种，请大 V 代言自家产品，通过投放广告视频的方式进行营销。这是产品方可控的行为，可以吸引大 V 粉丝买单。但是要注意，并不是所有的产品都适用影响者营销方式，需甄别。

第四种，邀请大 V 联合推出福利活动，激励用户。例如，DW（丹尼尔·惠灵顿）手表将新品赠送给大量网红，并提供九五折到八折的个人专属折扣码，激发大 V 创作优质的推荐内容。一时间，无论知情与否的博主都在推荐 DW 手表，掀起购买 DW 手表的潮流，使其销售额 5 年之内从 100 万美元增长到 2.2 亿美元。

Twitter 官方报告也透露出这个事实——有将近一半的人在购物前会先在社交平台上看大 V 的推荐，每五个看过网红帖子的人中会有一人被调动起来，分享自己的使用体验，并且有将近 40% 的人反馈，他们曾通过网红的 Twitter 直接跳转下单。

就像前段时间某直播平台流行的小吃"泰芒了"，当时纷纷疯抢，如今几乎无人问津；现在流行的网红小吃"烤鸡爪"不知何时兴起，但看线下购买排队人数就知道这只鸡爪正红，但不知道能持续几时。

当然需要特别说明的是，大V营销带来的是周期性的红利，粉丝并不是在每个时段都买账，"网红商品"红到何时还需看营销的持续性。

3. 从"内容提供"到"品牌增值"

时下，营销圈已经形成了一个"自嗨"的怪圈模式，广告主、广告代理商，不管是哪一方先嗨起来，消费者最后看到作品时，绝大多数都是一脸茫然不知所措的。作品丝毫没有影响力，营销过程最后也就以内部一致的"叫好声"而"结案"了。

回头仔细想一想，不对，我们折腾了这么长时间，耗时耗力，最后只是做了传播的最初级阶段——内容提供。内容提供阶段只是提供了品牌传播的相关信息，并没有达到传播的目的，更不用说为品牌增值了。

刘明洋老师认为："'做有价值的传播'，这句话具有清晰的目标指向。按这句话的要求，企业需要选择对受众有价值的信息进行传播，而且随着受众群体需求不断丰富以及受众群体需求逐渐差异化，还需要对信息进行不同的分类和加工。企业提供的信息，对受众越有价值，企业自身也就越有价值。这其实是一种较简单的价值逻辑。"

因此，在营销领域，借用刘明洋老师的观点，我们认为："内容提供"，属于受众满足的概念范畴；"价值增值"，则属于受众分享的概念范畴。作为营销人，我们要适应甚至主动拥抱这种从"受众满足"向"受众分享"的转变，做"能增值的传播"。

4. 从"媒体融合"到"媒体互补"

数字化技术的诞生与发展，使媒体的形式发生了改变，并形成了传统媒体和新媒体的分野。一直以来，围绕着传统媒体的转型发展，媒体融合的思路不断被提出，然而，我们发现，"用新媒体整合传统媒体不易，使传统媒体往新媒体靠拢也不易"。刘明洋老师认为，"'媒体融合'的概念不应当只是一种技术化表达，新旧媒体的差异也不只是表现在技术以及技术带来的传播渠道与方式等方面，还表现在新闻立场、媒体公信力和媒体价值观等方面。"

基于此，刘明洋教授提出了"媒体互补"的概念。他认为，应"允许不同的媒体之间你中有我、我中有你，共处一个和谐的媒体生态之中。不同的媒体，可以共享受众群体，但在内容、渠道和效果等方面为受众提供不同的'痛点'，彰显不同的比较优势"。而从营销传播的角度来说，品牌营销要想获得更大的传播效应，也必须运用好不同媒体的特性、优势。

5. 从"发现受众"到"互为受众"

新媒体的出现，让受众的范畴越来越模糊。

前移动传播时代，媒体是能够实现信息的搜集与整理、观点的形成与输出、具备发布渠道的公信力机构，作为信息的传播者，它需要发现受众。

然而，到了移动传播时代，正如《解读移动传播的八个关键转变》一文中所说："在传播领域，从传统他媒体向自媒体的转移，已经常态化。……媒体不再传统，媒体人也不再传统，信息传播者与接受者的角色转移与互换，已经存在于任何一个时空。"同时，"在移动传播的平台上，在信息制作、发布和反馈等传播诸环节上，大媒体与小媒体、强媒体与弱媒体的界限不再像以往那样清晰，而且彼此的位置很容易发生改变。大媒体需要借助小媒体提升其在舆论场的价值，强媒体也需要借助弱媒体实现自身的营销。"

因此，"互为受众"已经成为移动传播时代的重要特征，每个个人、组织都是信息的传播者，也都是信息的接收者。

6.从"精英文化"到"平民视角"

在移动互联网出现之前，我们的媒体更多的是一种精英文化的呈现，名人明星是媒体传播的绝对主角。然而"近些年，随着民生新闻的崛起，媒体开始了从精英到平民的转型。而带有鲜明参与式、互动性特点的移动传播的发展，又加速了这种转型"。比如凡客诚品，最初的传播文化就是平民文化，鲜有大明星代言人的身影，在那个人人皆是"凡客"的年代，该品牌风靡一时。

而到了移动传播时代，传统媒体的精英体系完全被解构，自媒体、短视频的兴起，让越来越多的平民成了媒体传播的主角（接收者与分享者），只有了解他们的喜好和习惯，从他们的视角出发，才能不被时代淘汰。更重要的是，"平民视角的体现，并不是简单地让更多平民成为新闻传播的主角，更重要的是，在观念层面、体制层面以及整体的传播体系中，体现出对平民的尊重"。

总之，新媒体传播的环境、趋势、方式、习惯、人群等，都已经发生了翻天覆地的变化，只有掌握好这些新变化，才能适应新传播的趋势，为企业的每一轮营销做好策略梳理。

三、传播策略制定的核心三要素

众所周知，企业的每一轮营销都是一把双刃剑，它将品牌置身于聚光灯和消费者的放大镜下，如果运用得当，会充分体现品牌的优势，在消费者心目中树立起良好的品牌形象，反之，如果运用不当，缺点反而会暴露得更加明显，让品牌自掘坟墓。

再举个例子，2016年3月1日，知名国产手机品牌

vivo在北京水立方举行了其全新旗舰机型Xplay 5的发布会,但本该成为这场发布会的焦点的Xplay 5却被自家老板沈炜抢了风头,因为在发布会即将结束时,vivo创始人、总裁兼首席执行官沈炜登台时不小心掉入了水里。

直面此次事件,普通大众和媒体的想象力是很丰富的,舆论很可能会向"老板带头炒作""恶趣味"等品牌负面方面发展。但是,vivo公关团队引导了公众的思路,从"突出Xplay 5'行云流水'的顺畅感觉,舞台特意选在水立方""主持人何炅迅速反应机智救场,一句'遇水则发'"等其他多个角度入手,制定了一系列传播策略,通过微博、微信等新媒体传播平台,以最快的速度发声,将产品的网络声量骤然提升的同时,使公众对品牌的好感度不被影响。

所以,不难发现,有效的品牌传播需要有效的传播策略,一个好的传播策略,不仅可以帮助企业的品牌传播聚焦资源,找到目标受众,投其所好地进行精准投放,还可以在出现问题的时候及时调整,使品牌传播的大方向不发生偏移。

所有策略的核心都遵循发现问题、分析问题、解决问题的基本思路，并没有产生本质的改变。同理，传播策略的制定，也是围绕这三个思路。

1. 在传播中发现问题

传播前，要明确最初的传播需求，每次营销战役的提出和发起，实际上都是有确切目标的，不管是市场部门、营销部门还是品牌部门，都要针对企业战略需求，提出对应的营销解决方案，提前预判结果，设置一个 KPI（关键绩效指标）目标值。传播中，针对网友看待传播素材的角度、竞争对手回击的问题、网友的反馈等，不断地发现传播的问题。传播后，做复盘，通过复盘会议，总结本轮传播的经验。

2. 在传播中分析问题

其实每一次传播策略的制定，其目的都是帮品牌找到正确的目标人群，并了解正确影响人群的方法。如何用现有的素材，达到最大的传播效果，是传播过程中需要解决的问题。

第五章 传播：让传播再飞一会儿

美国著名的营销学者、"现代营销学之父"菲利普·科特勒将品牌的定义表述为："品牌是一种名称、术语、标记、符号或设计，或是它们的组合运用，目的是借以辨认某个销售者或某群销售者的产品或服务，使之同竞争对手的产品和服务区别开来。"

在这方面，我们可以学习一下江小白，一个将简单做到极致的品牌传播先行者。从来没有哪款酒像江小白一样，让消费者又爱又恨。爱的人，将其视为"宠儿"，认为酒好喝，微醺有点甜，并且文案够扎心；恨的人，对其吐槽不断，认为酒很难喝，一股酒精味，并且文案较鸡汤。从一个名不见经传的小品牌，一下跃变为一个红遍全国的酒类黑马，更俘获并牢牢抓住了"80后""90后"的心，到底江小白的成功秘诀在哪里？其背后又有哪些不为人知的秘密？针对江小白的异军突起，业界大多数人把它的成功归结为：江小白方案的成功、江小白表达瓶的成功、产品创新的成功、社会化媒体营销的成功。所有的这些成绩都离不开江小白在品牌传播过程中对于自身定位与目标人群的精准剖析和对传播方式的绝妙选择。

3. 在传播中解决问题

新媒体的传播是由点到点、由点到面、由面到网的裂变式传播。当人们把所有的即时交互工具（如微信、微博）作为信息传播的平台时，你在朋友圈或者是微博上所发的一个信息，就能即时传达到朋友或者是粉丝的手机终端上，如果他们对这个信息感兴趣，就会转发，将信息分享给更多的人，这就是裂变传播。

阳翼教授在2013年出版的《数字营销蓝皮书》中提出："20世纪80年代出生的受众是使用新媒体的主力，他们对移动生活方式最为热衷，移动互联网传播对这一代受众则更为有效。"因此，在进行品牌传播时，企业应该更多地使用新媒体，将受众群体定位于年轻一代，传播的形式和内容也应该根据他们的心理需求和接受习惯而定。

同样，我们以江小白为例。既然分析出了其传播策略是抓住了"80后""90后"年轻人的心，那么江小白是怎么做到的呢？

最初，江小白将大部分营销预算都给了新浪，但很快发现效果一般。意识到不能以这样的方式投放广告后，江小白开始另辟蹊径，策划制定了一系列新的品牌传播策略，包括在上百万瓶江小白的瓶身上印二维码，开展扫码就送优惠券的活动；和其他品牌互换资源；在符合江小白品牌调性的电影里植入广告，比如《匆匆那年》《同桌的你》。这些资源的获取和利用都卓有成效。同时，江小白也做了对一些新潮内容的主动传播，比如：制作原创动漫《我是江小白》，进行广泛传播；从2017年开始，连续举办几届YOLO（你只能活一次）青年文化艺术节，邀请一批有态度也有知名度的歌手参加，获得了巨大的品牌曝光……这些看起来不务正业的事情正是江小白传播策略的重要组成部分。

四、怎样打造现象级传播？

打造现象级传播不能靠运气，而是在一套客观、系统的传播策略支撑下的必然结果。一次现象级传播事件的产生，必然是精心调研、全面策划、脚踏实地地执行等各方面因素优势互补、同向合力的结果。

1. 找准传播内容与大众需求的契合点

兵法说"知己知彼，百战不殆"，其实传播也是如此。不管是视频、H5还是文案，传播内容"出街"之后能否得到用户的关注，关键在于能否精准地满足用户的心理需求，这是打造现象级传播的核心。在进行内容确认时，一方面应当充分了解用户、普通大众的精神文化需求；另一方面需要对新热点、新趋势保持高度敏感，挑选用户关注的热点问题，对话题的传播效应和市场的动态做出前瞻性预测。在进行营销策划时，应当深度挖掘本轮宣传的核心素材，进行再加工、再整合，提取出内容精华，一方面激发用户点击分享；另一方面借助当前热点事件进行关联宣传，引导潜在用户点击分享。

2. 用匠心精神做精品内容素材

传播工作的本质是内容素材打造及传播，每一个现象级传播案例，几乎毫无例外地都是内容制作者智慧与心血的结晶。欲打造一个现象级传播案例，除瞄准用户的客观需求之外，内容制作者的素质就是产生精品传播素材的必要条件。内容制作者的知识积累和阅读品位直接影响作品的内容质量，进而影响与用户的契合程度；内容制作者的文字能力和责任意识直接影响作品的编校质量，进而影响用户的阅读效果；内容制作者的审美水平和创意能力直接影响作品的外观质量，进而影响潜在消费者的第一印象。因此，打造现象级畅销案例，前提是需要对精品内容素材有敬畏之心。

3.发挥KOL的作用，制造粉丝热点话题

KOL作为活跃在社交传播网络中，利用微博、微信等传播平台，为粉丝提供信息、观点和建议并对粉丝施加个人影响的关键性人物，连接着大众传播与人际传播。鉴于意见领袖在所处行业、领域中的权威性，信息传播流到达意见领袖后，再由意见领袖传达给粉丝群体，会使得信息内容更具说服效果和可信度。

以我们操盘的途牛旅游网"只要心中有沙，哪里都是马尔代夫"营销案为例，沙滩哥躺在成都街头的照片，在经过张歆艺、沙溢等明星主动转载后，受到了广

泛的关注，后又被企业和投资圈大佬李开复老师转载。这些各业界意见领袖的认同和公开推荐，可以让整个作品传播度更高、传播范围更广，并极有可能引起热点效应，成为粉丝的热议话题。

4. 借力使力，再度造势，持续引爆市场

受众每天接触海量信息，非常排斥填鸭式的灌输宣传和硬性广告。因此，想要使一个具有优质内容基因的作品达到现象级的传播效果，还需要学会借力，树立话题意识以及事件营销意识，针对策划的传播内容进行话题设计，通过开展活动与事件营销进行宣传。如2018年北京车展展馆周边出现上百辆小猪佩奇"社会车"事件。

2018年4月25日，两年一届的北京车展正式开幕。汽车界的年度大戏怎么能少得了热点，上百辆印有小猪佩奇的"社会车"——TOGO（途歌）共享汽车集体蹲守在北京国际展览中心外面的马路上。"小猪佩奇车上纹，掌声送给社会人"的口号成功在大众之中流传。不过，这群"小猪佩奇"在成功登上微博热点、抖音头条的同时，也成功吸引了警察叔叔的注意——"违停罚单车上贴"。

小猪佩奇的形象源于一部英国学前动画片《小猪佩奇》。这部动画于 2004 年首播，风靡全球 180 多个地区，每集只有 5 分钟的短故事，在风趣幽默中宣扬亲情友情观，鼓励小孩子体验生活，因此深受全世界小朋友的喜爱。但万万没想到的是，网友的热议以及"成人化"解读和二次创作，让这只小猪在诞生的第 15 个年头突然在中国走红，摇身一变成为"社会一姐"。共享汽车 TOGO 正是借力了"小猪佩奇"的再次走红，"蹭"了一波热点，打造了一场非常具有话题效应的营销活动，成功占据了北京车展的头条。

5. 利用大数据进行精准宣传

媒介技术的发展使多元策划与宣传成为可能，对企业的营销和传播能力也提出了新的更高的要求。大数据技术能够记录大众在网络中的行动，例如，在购物网站各个板块停留的时间、浏览频率、购买记录以及购买内容等。企业可以依据这些数据分析潜在用户对阅读内容的偏好、媒体使用习惯等关键信息，从而实现对用户群的精准定位和内容的精准推荐。

这方面有个案例，全球零售业巨头沃尔玛在进行消费者购物行为分析时发现，男性顾客在购买婴儿尿片时，常常会顺便搭配几瓶啤酒来犒劳自己，于是沃尔玛尝试推出了将啤酒和尿布摆在一起的促销手段。没想到这个举措居然使尿布和啤酒的销量都大幅增加。如今，"啤酒+尿布"的数据分析成果早已成了大数据技术应用的经典案例，被人津津乐道。

五、适合的，才是对的——选择合适的媒介规划

在营销圈，有这样一句话：有人的地方，才有传播。所以传播要接地气，一定要走到人民群众当中去。当下，最火的社交应用就是我们的传播触达人群的媒介：微信、微博、抖音、视频网站、自媒体平台、意见领袖、直播网站、新闻平台、论坛、贴吧等。

不过，虽然知道了传播该往哪儿传，但是具体怎么传才能让该圈层的受众更乐意接受呢？这也是做传播前

的媒介规划需要深度思考的。以下将分享 6 条关于媒介规划的心得。

1. 规划合适的自媒体达人、KOL 等

前文提到，适合的，才是对的。在选择媒介投放时，同样如此。在做互联网相关的传播内容时，一定要选择与互联网属性相关的自媒体达人、KOL、大 V 等作为媒介，否则，传播效果很可能甚微。

2. 合适的朋友圈和微信群资源

当下，微信月活跃用户数突破 10 亿，是当之无愧的国民级 App，所以在预算充足的情况下，选择合适的朋友圈和微信群资源作为传播媒介必不可少。

3. 合适的新闻媒体规划

在传统媒体积极转型的今天，我们发现，传统媒体与新媒体各有优势，比如有很多新媒体上的热点话题都是经过传统新闻媒体"发酵"过后才刷屏的。所以要合理地利用新、旧媒体的优势，做好规划。

4. 视频网站的推荐位置

随着 5G 的应用与推广，视频网站和手机 App 将会越来越多地占据用户的时间，所以视频网站的推荐就意味着更多流量，而更多流量就意味着传播人群的更多触达。

5. 二次传播的媒介计划

传播从来不是一蹴而就的，很多时候需要筹备传播的二次媒介计划，来达到传播的目的。

6. 收口期的媒介策略

传播怎么结束，品牌怎么结尾，同样需要媒介策略支撑，好的收口期媒介策略可以让整体传播效果锦上添花。

六、你一定不知道的传播"三不原则"

1. 与其拉长战线，不如突出重点！

市场上会持续出现新的热点，所以不要期盼一个热点会持续很长时间（比如一个星期），能让单一热点持续 2~3 天的热度，已经非常成功了。因此，做传播时，我们要把所有的资源在短时间内集中推广，而千万不要在营销活动中设置九曲十八弯的"节奏"，逻辑层次最多两个，切记一定不要使传播受众过度思考。

2. 在传播上，千万不要省钱！

既然传播内容制作出来了，就不能藏在手里，传播和制作预算的配比，至少应该是 1∶1，任何一个病毒式传播，都有一个阈值和临界点，只有达到传播的基础声量，才有可能产生爆炸性的传播。因此，一定要避免因为预算的问题，导致整个传播前功尽弃的情况。

3. 不要把资源放在一处，要打组合拳！

传播的媒介投放，微信、微博、视频网站、新闻网站，一个都不能少。把目标用户的信息接收渠道全方位覆盖，基于一个点，全方位、"海陆空"式地炒透，才能造成声势。人是社会性动物，社交谈资必不可少，基于传播中的从众效应，只有"火了"，才能更火！

目前，人们的消费模式已经从功能性消费、物质消费转向文化消费、精神消费，拥有知识性、话题性以及广泛传播力的内容必定会迎来新的发展机会。传播人需要在追求内容优质的同时，准确把握行业、技术发展趋势，从话题引导、媒体宣传、营销策划等多方面发力，贡献更多的精品力作，打造更多现象级传播案例。

第六章

参与：激发二次传播，让传播事半功倍

为什么现在我们如此需要用户的参与感?

首先,品牌和企业不是上帝,用户才是最宝贵的财富。

其次,媒体不再是唯一传媒,用户也是信息的制造者和传播者。

最后,积极的用户是稀缺资源。

犹如正在崩坏的全球经济形势,我们所面对的用户习惯也已然"崩坏",这个时候,更需要培养用户的参与感,来维持品牌的核心竞争力。

用户参与的核心目的是激发二次传播。

在我看来，用户参与度分为以下五个层级。

一级：用户会阅读或观看，结束后关闭。

二级：用户会点赞或者评论，与品牌发布者互动。

三级：用户看到后会随手分享至朋友圈或发送给朋友。

四级：用户会学习里面好玩的元素，进行再创作、模仿和转发。

五级：全民皆知，新闻报道，引发其他品牌借势互动。

在上一章讲传播时，我们提到了在打造现象级传播案例的过程中，需要找到内容与用户的契合点，"借力使力"，设计让用户感兴趣的话题来达到良好的传播效果。如果我们希望更进一步，让更多的用户通过社交，主动加入话题的讨论，实现二次传播的效果，就需要采用更具"参与感"的方法，针对整个营销话题进行改造升级。

一、为什么需要用户的参与感？

一个共识是：人们的消费观念正在发生变化，从最初的"功能式"消费，演变为"品牌式"消费，再到"体验式"消费，而如今已经进入了"参与式"消费时代。消费观念的改变也意味着营销传播不再囿于产品属性，更多延伸向了社会属性：让用户参与到体验与进程中。

与之对应，营销理念也从早期的产品导向型、市场导向型以及体验式营销，过渡到了如今的参与式营销。几年前小米联合创始人黎万强在《参与感：小米口碑营销内部手册》一书中，详细介绍了小米的互联网思维营销策略，特别强调"互联网思维的核心是口碑为王，口碑的本质是用户思维，就是让用户有参与感"。

该书中也提及了关于参与感的定义："参与感，就是把做产品、做服务、做品牌、做销售的过程开放，让用户参与进来，建立一个可触碰、可拥有、和用户共同成长的品牌。"如何落实用户参与感呢？黎万强总结了三个战术：开放参与节点，设计互动方式，扩散口碑事件。

现在回头看，小米在成功的过程中，注重用户的体验感与参与感的营销方式，确实在很大程度上帮助小米快速建立了市场优势，而超高的用户黏性和高频的用户参与，都使这家创新科技型公司获得了比其他竞争对手更细致的用户数据。而对市场的反应敏感度,以及对文化、艺术、创新的充分认识,都有助于小米熟悉自己的用户。

为什么现在我们如此需要用户的参与性?

首先,品牌和企业不是上帝,用户才是最宝贵的财富。

在这个时代,如果一家企业仅仅按照自己的判断去制定策略、去服务消费者,那么它犯错的概率会特别高,风险很大。错误和风险意味着这个企业、这个品牌随时可能被消费者抛弃——也许一次危机公关,就可能葬送多年的努力和资金投入。要想降低这些风险,就需要把消费者和用户当成最宝贵的财富去维护,让他们参与品牌建设,由他们主动提供自己的想法和做法。

其次,媒体不再是唯一的传媒,用户也是信息的制造者和传播者。

在新媒体环境中,整个网络像是一个信息交流平台和人群聚集地,媒体已经不独占传播渠道,消费者也不再是传播的终点,每个人都是传播过程中的一个节点,传播作用甚至更甚于媒体。在各种营销活动中,用户既接收来自各方面的信息，同时也在制造信息和向各方传播信息，形成一种复杂微妙的传播圈层现象。

最后，积极的用户是稀缺资源。

现在的用户有一个很明显的特点趋势，那就是大家都在"变懒"！用户的活动参与率降低、活跃度降低，获取用户的成本却在升高，每一个积极的用户都是非常稀缺的资源。品牌和媒体不再像以往那样能控制所有的品牌体验和传播资源，由品牌主导消费行为的时代已经一去不返。

犹如正在崩坏的全球经济形势，我们所面对的用户习惯也已然"崩坏"，这个时候，更需要培养用户的参与感，来维持品牌的核心竞争力。我在很多刷屏营销案例的执行中，有一个感触是，即使创意再好，渠道再强大，凡是不能调动用户参与感的营销行为，都只是一种"自嗨"。

二、提升参与感的武器——参与式营销

为了提升用户的参与度，很多营销人费尽了心思，

终于在 2000 年后，把"参与式营销"这个理论提升到了战略层面。当下，"80 后"、"90 后"乃至"00 后"消费人群已经成为互联网的主要用户群体，而参与式营销与他们的消费心理与消费习惯最契合，所以才有人说，参与式营销是 21 世纪最有力的秘密武器。

现实就是这样，如今单纯的广告行为、活动行为，已远不能满足互动营销的深层需要，用户在狂轰滥炸的信息红海中，基本已经对广告和活动形成了天然免疫力。这就需要我们在营销方案的策划和实施中，融入参与式营销的手段，借此了解用户的想法和需求，与用户进行更紧密、更及时的互动。

参与式营销需要做以下三个方面的基础准备工作。

1. 定位用户群体

我们在第二章"定位"中，明确指出了"传播人群""购买人群""使用人群"三个范围，所以在制定参与形式的时候，一定要与定位中的目标人群保持一致。

2. 找到社交圈层

在确定目标人群后,我们得找到对于这部分人群最合适的社交渠道,作为用户互动和参与的基地。这类渠道的种类非常多,比较重要的是论坛、微信、微博,以及短视频平台,不同渠道的用户组成略有差别。

3. 定位精准内容

找到用户群,确定了目标渠道,还需要把控用户和渠道最喜欢的内容。有人说营销做到最后,都是内容营销,虽说并不准确,但是在各种准备工作完备的情况下,内容的好坏确实决定了我们能占用用户时间的多少。

三、参与式营销的几种形式

参与式营销包括传播者参与 UGC 创作、多品牌联合营销互动、自媒体内容互动、问答式互动等多种形式。

第六章 参与：激发二次传播，让传播事半功倍

1. 鼓励用户参与，生成UGC

UGC在这几年已经成为爆款话题的必备，那么如何鼓励和带动用户围绕我们的营销策略，生产更多的趣味内容呢？

我们举一个曾经风靡全国的经典案例：电影《老男孩之猛龙过江》的营销神曲《小苹果》。《小苹果》这首席卷全中国的歌曲，无疑是近几年来打造得非常成功的神曲。

优酷当时负责这个项目的副总裁卢梵溪把这叫作"制造参与性，制造虚假繁荣"，制作组除了拍摄《小苹果》MV（音乐短片），还策划翻拍了48个模仿《小苹果》的视频，在歌曲上线后的连续16天，保持每天上线3个的频率，在优酷首页推荐，以确保覆盖社会不同类型的人群，其中包括针对当红偶像组合EXO的粉丝的《EXO新曲同步》MV，用EXO组合的视频画面配上《小苹果》的背景音乐；还有广场舞大妈伴随着《小苹果》跳舞的"动人"画面——从另一个角度讲，后来热门的广场舞也是因为这首歌曲，真正达到了"国民

级"水准。除此之外，也出现了用户自发上传的各种翻唱视频，这些用户自己拍摄的视频都获得了不错的播放量，配合官方视频共同将《小苹果》的热度推向了高潮。

根据最后的统计数据，这种引导 UGC 的营销方式，使得《小苹果》得到了极大的曝光。原版 MV 拥有 1 100 万的播放量，而所有翻拍的视频加起来的播放量达到了 12 亿，两者播放量之比达到了 1∶100，这就是让用户参与所达到的效果。

同样，另一首神曲《江南 Style》，也是凭借 UGC，成为互联网历史上第一个点击量超过 10 亿的视频。这首神曲的火爆，和众多人的参与模仿不无关系，"China Style""上海杨浦 Style""周星驰 Style""客家话 Style""台湾萝莉双胞胎版 Style""雪姨版 Style"等接连亮相，各路名人在当时都争相追捧。除了独特的节奏和旋律，《江南 Style》的骑马舞步也引发了全世界网民的模仿和改编热潮，不少网民都录制了自己的版本，算得上是全世界的娱乐盛宴。发展到后来，运动员、明星、商界大佬都开始模仿这段舞蹈。在明星模仿的引领下，短短三个月时间就引来了上千个版本的模仿。

鼓励用户参与到 UGC 创作中并不仅仅是官方发出一个号召，然后等着用户生产内容，而是需要埋设有趣的内容爆点，并且给用户做出一个良好的示范，在短时间内营造出氛围，才能让用户甘愿追随潮流，发挥才华，并参与到营销内容中。

2. 利用多品牌联合，打造互动营销

"一个巴掌拍不响"的道理在营销战役中同样适用，如果我们认为仅仅靠自家品牌的影响力，无法带动用户的参与积极性，那么可以拉上众多帮手，为用户搞一场品牌联合参与的表演。

2016 年春节，我们团队协助 360 搜索做了一场"so 靠谱"的传播活动，便是充分利用了多品牌联合的力量，打造了一场属于多家品牌的参与式营销。为了让这样一个事件变得有声势，当时我们找到了近 50 个品牌，并且说服它们跟 360 搜索一起联动，最终汇集成了"史上最万能的广告"，在营销视频中，通过 360 搜索，将用户在日常生活中会经常搜索的问题，与各个品牌的特点做了巧妙的结合，让用户在忍俊不禁的同时，也对这种互动形式产生好感。

后来杜蕾斯也利用了品牌联合的方法，在海报中一口气调戏了 13 个品牌，成为 2017 年最经典的互动营销案例。

3. 利用媒体矩阵，围绕内容互动

利用各种媒体的力量，在全网围绕同一个话题进行集中、高频的内容曝光，这种参与形式更加具有爆发力，覆盖人群的速度更快、范围更广，从声量上来说，更是指数级传播。

我本人比较擅长通过策划事件，吸引各方媒体的注意，无论是"校门舞男"，还是"只要心中有沙，哪里都是马尔代夫""中国城市居民肯借钱排行榜""史上最长公司名称"，这些营销案例都得到了电视台、网络媒体、自媒体的关注和报道。尤其是对电视台和网络媒体来说，这种符合主流价值观并且和民生相关的事件，更容易引起关注，"校门舞男"这个事件的落脚点是公益，所以在当时引起了主流媒体的关注，我也因此成了第一个登上《人民日报》和中央电视台的"网红"。

我为新疆果王策划的"129岁新疆老人参加《中国好声音》"、为闲鱼策划的"清华男生卖学姐被褥"都在网络媒体上传得很火。对自媒体来说，跟自身行业相关的热点新闻、好玩故事、冲突事件，会吸引他们的目光。

四、增强用户参与感的几种方法

除了制造好的内容、为用户搭建便捷的参与形式之外，我们还可以通过一些小窍门，来增强用户参与的积极性，降低用户参与的门槛。

1. 测试类互动

我们发现每年年末、年初的时候，会有大量的平台做年终盘点和未来展望。比如网易云音乐会盘点用户在这一年听的歌曲，为用户生成一个年度歌单，这个歌单刷爆朋友圈；支付宝也会做一个用户参与性比较强的"支付宝年度账单"，很多网友在朋友圈中晒出了自己的年度账单，并且根据账单来判断自己和他人的经济情况。

这类测试互动已经成了一种屡试不爽的套路。通常是把一些别人不知道的个人信息,通过有趣的图文、表格呈现出来,分享到社交网络。一般测试的内容有年龄、性格、财富、相貌、阅历等,当然也有几类穿插使用。比如2016年7月刷爆朋友圈的柏拉图App,就是通过每个人输入自己的名字和生日,输出非常有趣的性格特质描述图片。微软也推出过一个网站,叫"How old do I look"(我看起来多大年纪),用户上传个人照片后,云机器功能就能够测算出照片人物的性别和年龄。这个网站给大家带来了很多乐趣,比如测试结果与拍照的光线、发型、角度、妆容等都或多或少有关系,因此人们总是不断上传新的照片,力图让自己在这个网站上能够显得年轻。当时网上疯传的一组照片就是年纪差不多大的林志颖、郭德纲和吴奇隆,结果测出来是林志颖23岁,吴奇隆27岁,而郭德纲竟然50岁。

2. 模仿

模仿是用户参与产生UGC非常多的形式。比如最近风靡网络的UGC产品抖音App,以及前些年比较火的小咖秀等，都是基于一段背景音乐创作属于自己的内容。

3. 挑战

挑战这种形式的参与，有一定门槛，并且形式有趣。比如微信2013年8月推出的《飞机大战》游戏，以及2018年元旦推出的小程序游戏《跳一跳》，大家纷纷在朋友圈和微信群里晒出自己的分数，万能的程序员甚至已经出了外挂，可以让玩家跳出逆天分数。类似的案例还有"反手摸肚脐"、"冰桶挑战"和《围住神经猫》等。

4. 抒情

这类通常是小人物对大世界的向往，尤其是对自由、爱情和梦想的向往。河南省实验中学心理学教师的那封"世界那么大，我想去看看"的辞职信，被网友评为"史上最具情怀的辞职信，没有之一"，在当时引发了大家的热议。我们为珠宝品牌I Do策划的"结婚纪念日7天假"营销事件，也是基于人们对爱情假期的向往，所以才能够刷屏朋友圈、抢占微博话题榜，并引起媒体的广泛关注和网友热议。

目标用户参与一个品牌的互动，说明对该品牌有了初步的兴趣，此时，品牌最应该做的，就是将这种兴趣进行价值深挖，让目标用户参与品牌互动环节，将其打造成铁杆用户。

做一场营销传播，本质上应该是品牌搭台，目标群体来唱戏。品牌应该充分地与用户进行互动，并让他们获得参与之后的回馈。随着这种互动和回馈不断累积，用户的这种参与感也就变成了对品牌的归属感。

参与式营销的方式有很多，没有哪一种是适用于所有品牌与企业的，最关键的是，品牌要真诚地听取用户的好意见，积极反馈用户需求，与用户真正互动起来，让用户获得参与感。

综上所述，在打造超级话题的参与性中，核心点是形成二次传播。无论是用户参与、品牌的联合营销，还是各类媒体的参与，都为营销活动形成了巨大的声量，进而打造出一场全民皆知的超级话题。这也是超级话题能够小投入、大产出的关键。

第七章

转化:没有转化的传播都是耍流氓

随着互联网社交红利消失殆尽,在新媒体的市场营销方面,甲方越发看重广告的转化效果,毕竟预算有限,每一分钱都需要花在刀刃上,更期待十倍甚至百倍的转化效果!所以有转化的传播才是所有广告投放的刚需。

第七章 转化：没有转化的传播都是耍流氓

广告转化率不仅是一个数据指标，其本质是营销效果的真实反映。

2009年6月18日，中国互联网协会网络营销工作委员会成员大会在北京隆重召开，在大会上发布了《中国网络营销（广告）效果评估准则》，其中提出了一个关键性指标——网站转化率（conversion rate），即通过点击广告进入推广网站的网民的形成转化比例。

通俗来讲，广告转化率就是广告用户的转化量（从普通浏览者升级为注册用户或付费用户的数量）与广告到达量（用户通过点击广告进入推广网站的次数）之间的比值。广告转化率通常反映广告的直接收益。

在互联网营销的分析领域中，转化分析是最核心和最关键的场景。以电商网站购物为例，一次成功的购买行为依次涉及搜索、浏览、加入购物车、修改订单、结算、支付等多个环节，任何一个环节的问题都可能导致用户最终购买行为的失败。在精益化运营的背景下，如何做好转化分析俨然成为一门学问。

什么是转化？当用户向业务价值点方向进行了一次

操作，就产生了一次转化。这里的业务价值点包括但不限于完成注册、下载、购买等行为。每一次大的转化都包含若干小的转化环节，我们普遍使用转化漏斗来展示这一过程。

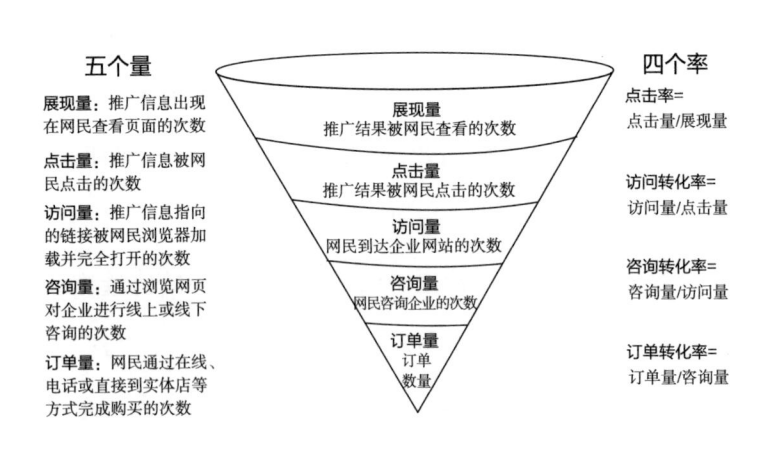

五个量

展现量：推广信息出现在网民查看页面的次数

点击量：推广信息被网民点击的次数

访问量：推广信息指向的链接被网民浏览器加载并完全打开的次数

咨询量：通过浏览网页对企业进行线上或线下咨询的次数

订单量：网民通过在线、电话或直接到实体店等方式完成购买的次数

展现量：推广结果被网民查看的次数

点击量：推广结果被网民点击的次数

访问量：网民到达企业网站的次数

咨询量：网民咨询企业的次数

订单量：订单数量

四个率

点击率＝
点击量/展现量

访问转化率＝
访问量/点击量

咨询转化率＝
咨询量/访问量

订单转化率＝
订单量/咨询量

搜索推广效果转化漏斗的评估指标

近年来，随着互联网社交红利消失殆尽，在新媒体的市场营销方面，甲方越发看重广告的转化效果，毕竟预算有限，每一分钱都需要花在刀刃上，更期待十倍甚至百倍的转化效果！所以有转化的传播才是所有广告投放的刚需。

第七章 转化：没有转化的传播都是耍流氓

一、品牌流量与传播形式

有人的地方就有江湖，有流量的地方才有市场，市场的好坏看转化。2018 年，《流量池》一书在营销圈掀起不小的波澜，让流量跟转化成了固定的词汇搭配。书中谈道，流量池思维就是通过挖掘第一拨用户，不断增强用户黏度，以此为基础，锁住更多用户，让内容通过用户的扩散性传播带动品牌流量，从而为品牌创造更大的转化价值。

我们说品牌流量决定了品牌转化，那么品牌流量的来源有哪些呢？

身在广告圈，每天打开微信朋友圈，都感觉案例满天飞，但流量以及最终转化呢？一问就蒙了。移动互联网时代，生意的本质并没有变，底层还是流量。面对如今流量的碎片化，我们要重新审视选择品牌流量的方式，梳理品牌流量的有效来源。

对营销人来说，流量的形式发生改变，我们的营销规则、营销手段和方式，也要跟着变化。因此，我们需要挖掘流量的内核。归根结底，流量的本质就是对用户时间的占领。而对品牌和企业来说，流量的来源主要有两种。

第一种，品牌或企业自有流量。

现在一般品牌或企业的标配是官网、官方App、官方微信公众号、官方微博、官方抖音号等。现在比较流行的词叫"双微一抖"，就是指微信、微博、抖音。通过这些媒介平台，品牌和企业能够吸引、聚集自身的用户粉丝，形成一股自有的流量。

第二种，媒体的内容流量。

这部分流量的主要渠道是传统媒体和新兴的自媒体，对大多数人来说，报纸、广播、电视、计算机网络，甚至正在崛起的移动互联网，是获得内容信息和品牌认知的主要途径。

从营销的角度来说，媒体内容流量是品牌获得外部流量的主要方式，而品牌自有流量则是建立品牌忠诚度的有效方式。不过，随着品牌自媒体的兴起和传播形式的多元化，两种流量来源的界限也日益模糊。

对应两种流量来源，流量的传播形式也有两种，即

第七章 转化：没有转化的传播都是耍流氓

单向流量和多向流量。

所谓单向流量，是指单向的传播，内容来源于企业，企业利用线上媒介进行广告、软文植入、视频植入、话题植入以及电商的商品促销展示，达成相应的转化。

所谓多向流量，是指企业发出内容，用户自发转发、评论，形成再转发、再传播，是有互动、有交互的流量。

我们可以用具体案例来说明这两种流量传播形式。

以 2018 年 7 月发生的"吴亦凡 vs 虎扑"事件为例。从 7 月 25 日开始，话题"#吴亦凡虎扑#"开始霸屏微博热搜，连自带热搜体质的郑爽和杨超越，也无法与之匹敌。

7 月 25 日中午，虎扑官博 @虎扑的步行街发出了挑衅："这将是一场战争，JRs 准备好了吗，我好了 skrskr。"这属于话题策划的第一步，发现热点话题，然后及时跟进，可以用极具煽动性的话来打响战争。这是一个典型的单向流量。

以虎扑体育网站上的网民为主发出了一连串"单向流量"，目标很明确：文字 diss（轻视）吴亦凡，质疑说唱诗人的水平不行；发动自己的用户，一起 diss 吴亦凡；发出大佬视频，比如彪哥、Snoop Dogg（史努比·狗狗）的视频，借由权威 diss 吴亦凡的水平；发一些图片，曝光吴亦凡粉丝的不当行为，比如上淘宝买账号混进虎扑内部、呼吁有关部门关停虎扑 App……不知道大家有没有注意到，内容都非常劲爆。这是话题策划的第二步，发布引起争议的话题。

那么什么时候出现了多向流量呢？在吴亦凡及其粉丝大反扑的时候，虎扑祭出大招，回复 @ 来去之间（微博 CEO）、@ 江苏网警、@ 留几手（微博粉丝 1 000 多万）。这些人都非常有来头，可以说是各个领域的 KOL。当然，这个是否为虎扑策划，我们无法确认，但是有一点我们可以确定，虎扑是故意回应这些 KOL 的微博的，也正是虎扑的回应将整个事件推向了高潮。

这种单向流量和多向流量的组合，让整个事件非常有料。我们可以总结一下，整个话题事件的路径是这样的：在 @ 虎扑步行街发现热点，吴亦凡粉丝进攻虎扑；@ 虎扑步行街公开发声，表示要正面迎战，并发布一系列争议性话题；各路媒体跟进报道；自媒体和意见领袖开始发声,看热闹不嫌事大的吃瓜群众开始聚集;虎扑回应意见领袖的微博,推波助澜;虎扑发布内容,借势宣传自己,并争取路人粉;事后跟进报道,大家纷纷议论……

事件至此,如果单纯从流量而论,虎扑、吴亦凡与爱奇艺三方似乎达成了三赢。首先虎扑"蹭"了中国最火的流量小生的热度,也助力虎扑从苹果商店App免费榜的前500名一度冲入前60名,@虎扑步行街的微博粉丝量也从60万猛增至百万。其次是爱奇艺,拯救了高开低走的说唱节目,剧增的话题度使得2018年不温不火的《中国新说唱》节目犹如"久旱逢甘霖"。最后是吴亦凡本人,展示了"护粉使者"的态度与说唱偶像的担当,仅吴亦凡发布反击单曲《skr》的微博,转发就已超两百万条。从流量的角度来说,三方均赚得盆满钵满。

从用户的购买行为来看,流量和销售有直接的转化比率。所以我们说生意的本质是流量。当然,流量和转化的关系并不绝对,很多刷屏的事件带来了巨大的流量,然而转化率却低得可怜,比如2017年的"百雀羚刷屏"事件。

2017年，百雀羚发布了一则主题为"月光宝盒"的一镜到底的神广告，因其极富创意的广告内容，短时间就引爆了整个网络，被誉为2017年现象级刷屏大事件。

根据统计，该广告的相关文章阅读量不低于4 000万人次，总曝光量则至少在1亿人次。

如此高的曝光量和阅读量，转化效果如何呢？根据业内人士统计，在广告引爆全网的同时，百雀羚的主要电商渠道淘宝旗舰店的总销售额不到80万元……

所以互联网时代的流量，一定要导向点击、购买和潜在购买转化，不为转化而生的流量都是耍流氓。

二、设定传播目标，让转化有的放矢

互联网从来就是一个高度扁平化的战场，商家在上面厮杀。为了转化，商家购买各种流量，评估每次营销活动的目标达成情况，常用的评估方式包括如下四个指标。

第七章 转化：没有转化的传播都是耍流氓

1. 百度指数

它是众指数中资历老、名气大的统计关键词搜索量的工具，到目前为止其数据的来源及依据主要是百度网页搜索。很多品牌做的都是短时间的热点营销，而百度指数一直被认为是判断热点的权威指数平台，是当前互联网乃至整个数据时代重要的统计分析平台。它是以百度海量网民行为数据为基础的数据分享平台。百度指数能够告诉用户：某个关键词在百度的搜索规模有多大，一段时间内网页搜索和新闻搜索的涨跌态势以及相关的新闻舆论变化，关注这些词的网民是什么样的、分布在哪里，他们同时还搜了哪些相关的词。总体上来说，指数越高，意味着信息在网民心中的讨论的比例越高。

比如途牛旅游网"只要心中有沙，哪里都是马尔代夫"案例中，百度指数关键词"途牛旅游网""马路沙滩哥"等词汇都在随着事件的发展起伏变化。最初起量的关键词是"马路沙滩哥"，当时行为艺术家何利平在成都的一个街头，上演了轰动整个网络的行为艺术，腾讯新闻弹窗、《成都商报》、《扬子晚报》、《长江商报》、四川在线、腾讯新闻等40家传统媒体与网络新闻对其进行跟踪报道；接下来，通过途牛旅游网的微博爆出途牛旅游网赞助始末，公众聚焦途牛，途牛官方揭露真相，借势推出"模仿'马路沙滩哥'实现梦想"活动，形成互动传播，顺势推出"只要心中有沙"病毒视频，事件持续升温。其中，"途牛旅游网"的百度指数得到了提升，最终结果显示其百度指数激增500%，用户访问量快速增长，带来途牛旅游网极大的品牌转化。

2. 微指数

微指数是一款新浪微博的数据分析工具，通过关键词的热议度，以及行业/类别的平均影响力，来反映微博舆情或账号的发展走势。主要分为影响力指数和热词指数两大模块，此外，还可以查看热议人群及各类账号的地域分布情况。

影响力指数主要包括政务指数、媒体指数、网站指数、名人指数四大块。通过观察这四大块，我们可以做一些借势营销，借势事件、借势名人也是不错的营销方式。比如范冰冰和李晨的"我们"、李娜产女的"娜样幸福"、刘强东与章泽天的"京东爱情故事"等。当时整个社交网络的很多品牌都参与了借势海报制作。顶级的营销是"渠道+产品+内容"的合成,对每一个步骤都有很深的要求,而不是简单的"一张海报+一句文案"就能搞定的。

当然,明星热度不常有,跟企业运营和转化更加息息相关的是热词指数。热词指数,可以查看关键词在微博的热议度,了解热议人群的地区分布情况。推荐热词是近期在微博热议度较高的关键词。

微指数特指微博,但其实现在很多营销是在微信生态中启动和爆发的,因此,微信也有一个自己的指数——微信指数。

这也是一个很有力的指标。微信指数是微信官方提供的基于微信大数据分析的移动端指数。在"微信指数"主页面输入关键词并点击搜索,就会出现搜索数据,该数据体现的是该关键词在微信内的影响人数。根据微信指数提供的关键词的热度变化,可以间接体现用户的兴趣点及变化情况,比如日常消费、娱乐、出行等，从而对品牌企业的精准营销和投放形成决策依据，也能对品牌投放效果形成有效监测、跟踪和反馈。

3. 下载量

随着智能手机的迅速发展和普及，现在很多互联网科技公司，都将用户导流到终端 App 上，而如何增长客户端的下载量显然成为众多开发者绞尽脑汁解决的问题。那么，App 下载量到底都从哪里来？

应用商店把持着超过 2/3 的 App 下载量。各种应用商店就像是一个个大型超市，每时每刻都吸引着无数用户流连其中，任意选购。2014 年，谷歌商店的应用数量达到了 143 万，苹果商店则达到 121 万，对开发者来说，这无异于把自家 App 放到了汪洋大海中，大海捞针被捞到的概率想必大家都知道。

在二维码疯狂流行的移动互联网时代，二维码扫描简直就是 App 下载界的"滑板鞋"——时尚时尚最时尚！利用二维码来提高 App 下载量的开发者也呈现爆发式增长。二维码推广比较火的方式有两种：一是，利用官方微博将下载地址生成二维码，发布到拥有 2 亿多用户的微博平台，下载量简直惊人；二是，广告，尤其是地铁广告的宣传，单单是北京每天参与早晚高峰活动的人就不计其数，地铁广告二维码的受众自然不容小觑！

4. 销售额

受到大的经济环境的影响，现在互联网用户增量下行趋势明显，很多商家在忧虑宏观流量红利已死。

流量入口日渐碎片化，微观流量红利也够呛。转化就像把水倒进瓶子，经过瓶口、瓶颈，到瓶内。瓶口就是流量的入口，讲的是强需求要满足、弱需求要强化，最大化入口价值。瓶颈就是落地的终端，讲的是让顾客放心买、让顾客主动买，最大化新顾客价值。瓶内就是对顾客的管理，讲的是防老顾客流失、借老顾客做大，最大化老顾客价值。

围绕以上四个指标，所有的营销物料都直接导向这些转化目标，这样我们的每一轮营销就做到了有的放矢。

三、在话题传播中这样植入，转化效果会更好

1. 落地页的打造

用眼睛看世界，是我们每个人与生俱来的能力。审美能力虽然有高下之分，但实际上也是人人皆具的。要知道，一个页面的设计水平，一定程度上决定了页面的转化率。在信息流广告界，页面设计的好坏，一定程度上也决定了广告卖货能力的高低。

这其中要数落地页是重中之重了。因为当流量引入之后，落地页如果不能引起用户的兴趣，是很难进行转化的，那么之前流量的引入就枉费了。

落地页也称"着陆页"。是指访问者在其他地方看到发出的某个具有明确主题的特定营销活动，点击后跳转到的第一个页面。

落地页通常有两种作用：承接流量和转化用户。也可以通俗地理解为展示有价值的商品和收集用户资料。

那么落地页要如何制作和优化才能提高转化效果呢？第一，页面设计要足够有吸引力，框架清晰，减少一切不必要的干扰因素；第二，文案要足够打动人心，

产品特点不等于产品卖点，文案走心才能吸引用户，并最终引导用户一步步购买，形成转化，达成销售。

2.二维码的使用技巧

二维码营销成为精准营销利器，企业的每次活动都会在产品、宣传物料等内容中附上二维码，不管是为了直接销售导量，绑定关系以增加更多的二次销售机会，还是通过扫码的"一物一码"技术，帮助企业有效跟踪搜集每件产品、每个消费者的消费行为，采集消费数据。

在大数据时代，数据对于每个企业的重要性不言而喻，这些数据就在我们身边，对它们进行有效的搜集、整理、统计、分析是很重要的。

二维码作为一种传播介质，将其加入营销内容中，提高了消费者的参与率。根据以往的案例分析总结，有二维码的营销活动，其趣味性和用户黏性及留存率也远高于传统活动促销。

3.下载按钮的使用技巧

2014年，苹果改变了苹果商店中免费应用和游戏的下载按钮文字，之前的文字是"免费"（Free），现在则直接显示"获取"（Get）。这个按钮的变化在业界引起了巨大反响，因为下载按钮的变化直接导致用户的使用习惯改变。苹果决定要以"获取"替代"免费"，可能是因为有些标记免费的游戏，实际上内部会有付费内容，苹果此举是为了避免误导用户。由此可见，下载按钮的表达清晰程度会影响用户做决策时的判断，从而影响转化效果。

同样，我们每次营销的按钮也要巧妙设计，因为按钮是用户界面（UI）和交互设计的基本元素，它们是用户与系统进行沟通交流的核心组件，也是图形化界面当中最早出现，也是最常见的一种交互对象。下面是一些主要的注意事项。

首先，按钮必须足够地像按钮，不能随意自造。

经过多年来互联网的教育，用户对按钮已经达成特定的认知和共识，一旦按钮设计过于不合常理，用户便会错过按钮，导致转化效果不佳，从而浪费流量。

其次，按钮要放在显眼的位置。

前文中已经提到，按钮对最终转化很重要，是"临门一脚"，所以必须放在显眼的位置，才能不被用户错过或忽视。

最后，按钮要有合理的尺寸，加上相应操作的标签文案。

按钮的大小、颜色表示这一元素的优先级，更大的按钮、更醒目的颜色意味着更重要的交互，按钮上的标签文案可以更直接地唤起用户的行动力。

四、一天内流水破1 500万元，我们是如何做到的？

接下来，我们以具体案例来说明流量的获取与转化要点。

以2017年操刀的"窦唯重返魔域"音乐营销为例，即便我们找到了极具话题性的"音乐圈灵魂人物"窦唯，即便有很好的人群定位——"80后"老《魔域》玩家，将音乐营销的主题定位于《重返魔域》，但是在强大的窦唯粉丝疯狂的追捧面前，如何收割这一波波流量呢？这就涉及流量的转化。

手游的发行是一件很专业的事情，游戏的新进总用户量是自然流量和渠道用户数量的总和。

渠道用户数量靠的是渠道的能力，而我们投入广告营销，就是为了提高自然流量的数量。

基本上发行在做渠道分析的时候，总会倍加珍惜自然流量，因为这是花费最少、正常情况下带量最多的流量渠道，并且投入产出比高于其他渠道。

那么如何增加《魔域》手游的自然流量呢？

渠道1：瞄准"80后"《魔域》老用户人群。这些在客户端游戏时期培养的老用户，可以对游戏进行推荐，产生口碑效应，并带动身边的朋友一起玩。

渠道2：媒体、新闻、软文等软性宣传，可以带来用户兴趣导向的主动搜索。

渠道3：广告渠道等大量的曝光，可以带来部分用户自然转化和主动搜索。

结合好的话题，我们将自然流量导入《魔域》手游相关的讨论，取得了不错的业绩，公测12小时，流水破1 500万元，新增玩家近72万。

而"窦唯重返魔域"的音乐营销方面，其带来的《魔域》手游的转化效果不容忽视。

第七章　转化：没有转化的传播都是耍流氓

同样在 2017 年，我们操盘的另一个营销案例"史上最长公司名称"，也在社交网络上刷屏，取得了不错的转化效果。2017 年 6 月初完成公司名称注册相关工作后，工商资料引证、营业执照曝出、公章曝出，引发了大众围观，一步步引导这个"超长"公司名称在网络上走红，并引起多家电视台争相报道。特别是律师、财务、会计等相关专业行业的人对于最长公司名称内容讨论的再发酵引发了更多 UGC 的产生，直接完成了牛大叔安全套对目标人群的精准品牌触达，达到了一炮而红的效果。因此，在 2017 年的北京成人展上，作为一个初创品牌，该公司竟然破天荒地拿到 1 000 多万元的订单，这就是营销的长尾传播和网红品牌势能所带来的流量转化效果。

随着互联网经济的深入推进，转化效果会越来越重要。对一名营销人来说，转化理应成为所有广告创作中应该考量的关键点。这里再分享几个我们团队在营销中经常使用的提高转化的方法。

1. 提前制定好营销目的

对一个企业来说，在做产品营销之前一定要先将计划做出来，只有明确了步骤和目的，才能真正找到方向，不管多困难，也要认真完成每一步计划，这样才能够有效提升营销转化率。

2. 找到核心的转化方式

做事情如果没有方法，是不会有效果的，做营销也是如此，只有发现了问题的核心解决办法，才能真正帮助营销发挥最大的转化效果。

3. 找到影响结果的关键因素

在做营销的路上，还需要不断地总结与发现。只有不断地总结，才能找到影响结果的关键因素，才能更好地提升转化率。

4. 学会多方式验证营销方式

只有不断地尝试各种营销方式、不断地创新营销模式，才能够最终在实践中找到适合自己的营销方式，这样也才能真正提升营销转化率。

5.学会改变营销模式

一个产品,在不同的时间段下,客户对其需求也不一样,只有保持不断改变营销模式的心态,才能够在变幻莫测的市场中,找到自己的营销定位。

对做营销的人来说,只有不断地学习和模仿,才能够知道自己的产品到底适合什么样的营销模式;只有不断地提升市场和营销洞察力,才能够真正获取更多的营销转化率。

附 录

每天 3 小时创意训练，你就是下一个创意大神

没有谁生下来就是创意大神，也没有谁的每一次创意都能刷屏，形成超级话题。古人云：拳不离手，曲不离口。所谓灵感，无非来源于日常生活中的观察与积累。厚积薄发说的也是这个道理。

只有养成了每天进行网感训练的习惯，才能让自己的思维时刻保持高度敏锐和活跃，观千剑而识器，在面对新的市场活动、营销传播需求的时候，才能源源不断地挖掘出新奇的创意、有趣的想法。

以下便是我们团队在这么多年的摸爬滚打中一直坚持的日常训练。在训练中学习，在学习中总结，在总结中创新。超级话题的 6P 方法论正由此而来。

一、网感训练的内容

1. 浏览分析百度热点（1 小时）

根据时间、地点、人物关系和 6P 理论中的关联、趣味等维度去分解每天的百度热点，增加网感的实时性，具体安排如下。

10 分钟，百度实时热点榜（每天 3 次，共 30 分钟），http://top.baidu.com/buzz?b=1&fr=topindex。

10 分钟，百度今日热点榜，http://top.baidu.com/buzz?b= 341&c=513&fr=topbuzz_b1_c513。

10 分钟，百度民生热点榜，http://top.baidu.com/buzz?b= 342&c=513&fr=topbuzz_b342_c513。

10 分钟，百度娱乐热点榜，http://top.baidu.com/buzz?b= 344&c=513&fr=topbuzz_b11_c513。

热点新闻话题是指已经刷屏、广为传播的热点话题。通过每天对热点新闻话题的研究、观察和总结，你就会慢慢摸透大众传播的偏好，以便后续工作中借鉴和创新，相较而言，有理可依、有据可循的创意，才更有可能形成超级话题。

2. 浏览最新广告传媒案例（30分钟）

《5年高考3年模拟》这套神书大家一定不陌生，为了在高考时考出好的成绩，在日常的作业和考试中，就要学习前几年的高考和模拟中出现的题目。广告传播也是一样。在日常学习积累的过程中，应该多浏览专业广告人的网站，多研究其他广告人成功的案例，学习他们在面对品牌需求时是如何打造超级话题的，如此训练，我们日常的思维也会变得更加专业、全面而且接地气。以下是一些广告人常去分享案例的网站。

顶尖文案：http://www.topys.cn

广告门：http://www.adquan.com

17PR：http://www.17pr.com

Socialbeta：http://socialbeta.com

网络广告人社区：http://iwebad.com

梅花网：http://www.meihua.info

数英网：https://www.digitaling.com

麦迪逊邦：www.madisonboom.com

3. 了解微博、微信朋友圈刷屏信息（30分钟）

微博和微信朋友圈是社交媒体的必争之地。大多数的刷屏级超级话题都来源于这里，所以这里出现的刷屏案例同样值得学习。每天花30分钟，去浏览一下自己的微信朋友圈和微博的"热门话题""话题榜"，通常在中午这个时间段去浏览，最能把握一天的热点信息。

4. 浏览抖音、火山小视频、快手等短视频平台（30分钟）

如果说2018年是短视频元年，那么现在正是短视频的风口了。从成都小甜甜到面筋哥，再到丽江石榴哥，无数短视频的爆红，再次证明了短视频也是超级话题爆发的平台。更早地熟悉新的形式、新的传播、新的潮流，也更容易在短视频的新平台打造出超级话题。

5. 浏览最右、V电影、新片场等短片广告平台（30分钟）

社交媒体上，每隔一段相对固定的时间都会出现刷屏级的TVC（电视广告），比如2019年开年刷屏的两支TVC广告——《啥是佩奇》《一个桶》，它们在短时间内刷爆微信朋友圈、微博等社交圈层，并形成了超级话题，所以，在品牌有需求有预算的前提下，可以打造此类 TVC 形式的超级话题。最右、V 电影、新片场等短片广告平台，我们日常也应该多浏览、多学习，以激发创作灵感。

二、理论与训练相结合，才能成就超级话题

没有超级话题 6P 方法论的创意发散，无异于无头苍蝇、胡思乱想。

没有日常训练的超级话题 6P 方法论，无异于纸上谈兵、不接地气。

所以，要想打造刷屏级的超级话题，必须将日常训练和超级话题 6P 方法论结合在一起，二者相辅相成，不能厚此薄彼。

做好日常，就是不寻常。超级话题的打造不是一蹴而就的，而是需要持之以恒。坚持日常训练，坚信 6P 方法论，下一个刷屏级创意，也就离你不远了。

后　记

狄更斯说，这是一个最好的时代，也是一个最坏的时代。在写本书的24个月里，以抖音、快手、淘宝直播为代表的短视频平台和直播App日活数亿。新视频媒体正让信息分发重构商业格局，新消费浪潮扑面而来，在各个领域不断涌现新品牌、新场景、新物种。过去需要经历10年才能辛苦沉淀下来的品牌，在今天，只需要一年的时间就能拔地而起，营收破亿。钟薛高、花西子、完美日记、HFP（护肤品公司）、珀莱雅等品牌如雨后春笋，数不胜数。反观一些在新消费浪潮中迷失的企业正愁容满面、焦虑无比，它们的品牌在信息大爆炸的时代被淹没，它们的渠道价值链正在被更直接、更有效率的玩法重构，它们的产品也正被更具性价比、更具话题性的新产品取代。

我觉得所有的生意都值得用短视频和直播等视频媒体重新做一遍，那么，依托于本书的6P方法论，在新视频媒体时代，品牌要怎样应对新环境呢？

一是新定位。场景实验室创始人吴声在推荐本书的时候说道，新场景、新品牌不断涌现的背后，是这个时代年轻消费者需求的离散化与圈层化——难以捕捉，却越来越专业。作为内容生产者的市场品牌方，要在新媒体环境下，创造出令特定消费者拍案叫绝的内容，让消费者认同从而形成购买和商业转化。宝洁中国在最新的OLAY（护肤品牌）广告战役中，没有选择传统的广告大投放，而是选择成为双云（阿云嘎、郑云龙）、肖战、101少女的超级粉丝，协助粉丝团做好品牌活动特定的B站（哔哩哔哩）短视频、表情包、明星行程记者团等物料，因此受到年轻消费群体的特别追捧。宝洁中国通过新定位，把30年的老品牌变成了"90后""00后"追星一族热捧的品牌，将品牌属性与明星自身特点完美结合，借势其自身高黏度的私域流量，增长品牌销量的公域流量。

区别于传统定位，新定位聚焦于更细分、更易于传播的人群。根据新定位，采用新媒体的沟通方式，能让我们更有效率地触达消费者。

后 记

二是新话题。话题的更新速度前所未有，上周还在讨论云南石榴哥的流利英语，这周就在讨论"百因必有果，你的报应就是我"。这意味着新的关联性和趣味性维度会更加多元，各位营销人在策划过程中要不断地积累更多的相关性素材，积累新的趣味性带来的网感，以避免陷入创意一出炉就"过气"的尴尬境地。

三是新传播。新的传播配合新的短视频和直播平台得以快速扩散，比如 2019 年 9 月，为配合推广健康中国行动减盐专项运动，我们联合中国营养学会，在抖音发起"盐多必失 5 个圈挑战"接力公益行动，通过短视频平台放大公益声量。包贝尔、宋继扬、陈翔、孔连顺、张铭恩、蔡尧等明星纷纷参与，活动上线 24 小时内，在抖音上获得了 1 亿次的曝光。

在本书的写作过程中，我非常荣幸地得到了很多人的大力支持，非常感谢如下大咖对《超级话题》的联袂推荐（排名不分先后）：李叫兽、吴声、杨飞、赵圆圆、王凯、林少、孙涛勇、陈华、黄渊普、秋叶、劳博、汪再兴、卜扬、赵鹏、俞朝翎、唐文、潘越飞、张强、贺学友、吴纲、关海涛、关健明、刘冉、王鑫、郝义、赵刚、郑立鹏、雷文涛、柯洲。也要感谢丁俊杰院长、李西沙会长、许文超秘书长、宋学军院长。

此外，我想感谢我 10 年前的老板马云先生，他让我能每周坚持"716"，比"996"多赚了 55.5% 的人生历练。我还要感谢即刻知识创始人、布克加出版人王留全先生，没有他的鼓励和支持，也就不会有本书的创作和出版。最后，我要特别感谢从北大医学院博士刚刚毕业去天坛医院研究神经系统的贾梦女士，感谢你这 4 年来的相依相伴，不抛弃不放弃我这个每天忙到凌晨才回家的"神经生物"。亲爱的，我想为你披上最美丽的婚纱，你愿意嫁给我吗？

最后，还有很多在我成长道路上给予我大力支持的合作伙伴和亲朋好友，因篇幅有限，就不在这里一一列举了，感谢你们，谢谢！